Marco Thomas, Michael Weigend (Hrsg.)

Informatik und Medien

8. Münsteraner Workshop zur Schulinformatik
18. Mai 2018 an der
Westfälischen Wilhelms-Universität Münster

Arbeitsbereich Didaktik der Informatik

Informatik und Medien

8. Münsteraner Workshop zur Schulinformatik
18. Mai 2018 an der Westfälischen Wilhelms-Universität Münster

Herausgeber:
Prof. Dr. Marco Thomas, Dr. Michael Weigend
Westfälische Wilhelms-Universität Münster
Fachbereich Mathematik und Informatik
Institut für Didaktik der Mathematik und der Informatik
Fliednerstraße 21
48149 Münster
E-Mail: DDI@uni-muenster.de

© 2018 Arbeitsbereich Didaktik der Informatik, Universität Münster
Herstellung und Verlag: BoD- Books on Demand, Norderstedt
ISBN 978-3-75284-942-4

Vorwort

Seit den ersten Höhlenmalereien dienen Medien der Kommunikation zwischen Menschen. Sie sind kultureller Bestandteil einer Gesellschaft. Mit dem Aufkommen einer automatisierten Verarbeitung von Daten – und der durch sie repräsentierten Information – werden zunehmend auch Medien zur Mensch-Maschine-Kommunikation und zur Kommunikation zwischen Artefakten verwendet. Traditionelle Medien wie Bücher, Zeitungen, Radio und Fernsehen sind heute meist digital, d. h. zur Herstellung, Verbreitung und Rezeption werden Computer eingesetzt. Diese Entwicklungen lassen sich sehr gut im Computermuseum in Paderborn nachvollziehen. Informatiksysteme bilden heute die Basis für soziale Netze, in denen Kommunikation mit verschiedensten digitalen Medien (text-, bild-, videobasiert etc.) stattfindet. Oft wird dem Nutzer nur ein Bruchteil der Funktionalitäten bewusst – vieles findet versteckt statt. Eine Aufgabe des Informatikunterrichts besteht darin, Grundkenntnisse für ein fundiertes Verständnis und einen kompetenten Umgang mit digitalen Medien auszubilden.

Im Spannungsfeld zwischen Medienpädagogik und Informatikdidaktik bietet der achte Münsteraner Workshop zur Schulinformatik die Gelegenheit zum Setzen von Impulsen und dem Austauschen von Sichtweisen. In der Keynote von Bardo Herzig (Universität Paderborn) werden unterschiedliche Argumentationslinien von Positionen aufgegriffen und zu Impulsen für eine informatische Bildung und eine Medienbildung geführt. Beispiele aus der und für die Unterrichtspraxis zeigen interessante Verknüpfungen zwischen Medien und Informatiksystemen auf: Computereinsatz zur Sprachsteuerung (Sebastian Becker, Universität Göttingen und Frauke Ritter, Max-Planck Gymnasium Göttingen), zum Datamining (Barbara Messing, Berufskolleg Werther Brücke, Wuppertal) und für Rennsimulationen (Till Zoppke, Gymnasium Tiergarten, Berlin). Digitale Artefakte werden nicht nur zur Repräsentation von Information und Wissen sondern auch zum Messen, Steuern und Regeln eingesetzt. Das Gestalten dieser Informatiksysteme erfordert auch algorithmisches Denken und Programmieren. Lennart Goecke und Jurik Stiller (HU Berlin) berichten über Programmierprojekte im Sachunterricht der Grundschule. Katja Bach und Nils Springob (BOB3.org) stellen Tutorials zur Einführung in die textuelle Programmierung für Fünft- und Sechstklässler vor. Dass Texte im Informatikunterricht in verschiedensten Formen auftreten und behandelt werden (können), zeigt Daniel Siebrecht (Universität Wuppertal) in seiner Arbeit. Mehrere Beiträge beschäftigen sich mit den informatischen Aspekten des NRW-Medienpass (Nadine Bergner, RWTH Aachen und Michael Weigend, Holzkamp-Gesamtschule Witten). Ilona Petrenko (WWU Münster) untersucht Möglichkeiten, um „Ökologisches Denken im Informatikunterricht" zu integrieren. Einen Einblick in die Entwicklung von medienbezogenen Materialien für den Informatik-Unterricht in den Niederlanden gibt Nataša Grugrina (Universität Groningen) und Dieter Engbring (Universität Bonn) geht auf Fragen der Lehrerbildung vor dem Hintergrund der Digitalisierung ein.

Wir danken allen Autoren für Ihre Beiträge und wünschen einen angenehmen Workshop.

Münster, im Mai 2018   Marco Thomas und Michael Weigend

Inhaltsverzeichnis

Medienbildung und informatische Bildung – Positionen, Provokationen, Perspektiven

- Eingeladener Vortrag -

Bardo Herzig

Direktor des Zentrums für Bildungsforschung und Lehrerbildung - PLAZ Professional School (Universität Paderborn)

Abstract: Die Diskussion um eine allgemeinbildende Medienbildung hat in den vergangenen Jahren im Kontext von Mediatisierung und Digitalisierung eine starke Konjunktur erlebt. Zur Umsetzung der Zielvorstellung, allen Schülerinnen und Schülern den Erwerb von Kompetenzen für ein sachgerechtes, selbstbestimmtes, kreatives und sozial verantwortliches Handeln in der digitalen Welt zu ermöglichen, weisen auch jüngere bildungspolitische Agenden auf die Notwendigkeit informatischer Grundkenntnisse hin (vgl. z.B. KMK 2016, Medienpass NRW). Damit wird eine Diskussion aufgegriffen, die bereits seit den 1980er Jahren im Spannungsfeld von Medienerziehung, informationstechnischer Grundbildung (ITG) und Informatik als Unterrichtsfach geführt wird. Die Diskussion hat bisher zu keinem zufriedenstellenden Ergebnis geführt, im Gegenteil fühlen sich alle Beteiligten in unterschiedlicher Weise als Verlierer: Das Modell ITG ist gescheitert, die Medienerziehung ringt um die Integration informatischer Grundlagen in die pädagogische Auseinandersetzung mit digitalen Medien und das Fach Informatik ist nach wie vor nur in einzelnen Ausnahmen Teil des verpflichtenden Fächerkanons.

Im Vortrag werden Argumentationslinien des Diskurses aufgenommen und im Hinblick auf unterschiedliche Positionen, Provokationen und Argumentationsebenen geschärft. Darauf aufbauend, wird der Blick – auch unter Einbezug weiterer Disziplinen – auf interdisziplinäre Aspekte gelenkt und an Beispielen illustriert. Perspektivisch werden Denkmodelle für die Gestaltung von informatischer Bildung und Medienbildung skizziert.

Informatische Phänomene und Sachunterricht

Beispiele für vielperspektivischen Umgang mit einem Einplatinencomputer

Lennart Goecke[1], Jurik Stiller[2]

Abstract: Die Lebenswelten erschließenden Fächer der Grundschule[3] ist aufgrund seiner Struktur, Inhalte sowie Denk- und Arbeitsweisen offensichtlich für die Thematisierung informatischer Grundbildung bestens geeignet. Trotz der mittlerweile für alle Fächer festgeschriebenen Verantwortung Medienbildung zu leisten[4], können (digitale) Medien sinnvoll zum Gegenstand vielperspektivischer Auseinandersetzung mit kindlichen Lebenswelten im Sachunterricht werden. Im Beitrag werden Beispiele der Einbindung des Einplatinencomputers Calliope Mini in den Sachunterricht der Grundschule bzw. die sachunterrichtliche Lehrkräftebildung vorgestellt. Die Thematisierung der diesen Systemen inhärenten algorithmischen Phänomene eröffnen dabei bereits Grundschüler_innen Möglichkeiten, weiterführende Schwierigkeiten zu reflektieren – etwa Sicherheitsprobleme beim Programmieren eines Abstimmungscomputers. Somit bietet die Beschäftigung mit den Beispielen stets das Lernen *über* sowie *mit* Medien und wird technischer Realität gerecht, indem die heute vielfach realisierte Verknüpfung von technischen Anwendungen mit zugrunde liegender Informationsverarbeitung in den Fokus gerückt wird.

Keywords: Sachunterricht, Medienbildung, Grundschule, Calliope Mini, Coding, Computational Thinking, Algorithmusverständnis, algorithmisches Denken, informatische Bildung

1   Einleitung

Die Thematisierung informatischer Aspekte ist mit den Aufgaben der Primarstufe gut in Einklang zu bringen: zunächst als Teil von Medienbildung und somit quer zu den Fachperspektiven. Daneben ist das Fach Sachunterricht bzw. dessen Didaktik besonders dazu geeignet, informatische Grundbildung in Unterricht und didaktischer Forschung zu adressieren. Der Beitrag stellt eine Möglichkeit vor, wie die Einbindung des Einplatinencomputers Calliope Mini (folgend CMini) im Sachunterricht ausgestaltet werden kann.

Dazu wird zunächst eine allgemeine Relevanz informatischer Bildung für die Sachunterrichtsdidaktik begründet und anhand von drei Beispielen gezeigt, welche spezifischen Fragen sich aus der sachunterrichtsdidaktischen Einbettung ergeben können. Das erste Beispiel einer (geheimen) Klassensprecher_innenwahl illustriert dabei den Einsatz des CMini

---

[1] Humboldt-Universität zu Berlin, Sachunterricht und seine Didaktik, Unter den Linden 6, 10099 Berlin, lennart.goecke@hu-berlin.de

[2] gleiche Affiliation, jurik.stiller@hu-berlin.de

[3] Berlin: Sachunterricht in den Klassenstufen 1-4 sowie Gesellschaftswissenschaften und Naturwissenschaften in den Klassenstufen 5-6

[4] KMK: Bildung in der digitalen Welt; RLP Berlin/Brandenburg: Basiscurriculum Medienbildung)

im Bereich sozialwissenschaftlichen Lernens im Kontext demokratischer Bildung, während mit dem zweiten Beispiel die automatisierte Messwertverarbeitung aus dem Bereich des naturwissenschaftlichen Lernens berücksichtigt wird. Mit dem letzten Beispiel einer vernetzten Ampelschaltung wird außerdem beispielhaft die Relevanz von informatischer Bildung als Teil technischer Bildung im Sachunterricht diskutiert. Die Beispiele werden dazu sowohl in Hinblick auf Lehrkräftebildung, als auch auf den Unterrichtseinsatz diskutiert und berühren jeweils Aspekte des Lernens *über* Medien als Folge des Einsatzes als Werkzeug.

2   Fachdidaktische Relevanz

Der Sachunterricht hat die Aufgabe, „Schülerinnen und Schüler dabei zu unterstützen,

- Phänomene und Zusammenhänge der Lebenswelt wahrzunehmen und zu verstehen,

- selbstständig, methodisch und reflektiert neue Erkenntnisse aufzubauen,

- Interesse an der Umwelt neu zu entwickeln und zu bewahren,

- anknüpfend an vorschulische Lernvoraussetzungen und Erfahrungen eine belastbare Grundlage für weiterführendes Lernen aufzubauen,

- in der Auseinandersetzung mit den Sachen ihre Persönlichkeit weiter zu entwickeln sowie

- angemessen und verantwortungsvoll in der Umwelt zu handeln und sie mitzugestalten" [GDS13].

Sachunterricht adressiert grundlegende Bildung, um den bewussten, reflektierten und verständigen Umgang mit erworbenen Kompetenzen möglich machen. Insbesondere sollen Schüler_innen befähigt werden, ihre natürliche, kulturelle, soziale und technische Umwelt sachbezogen zu verstehen, sie sich auf dieser Grundlage bildungswirksam zu erschließen und sich darin zu orientieren, mitzuwirken und zu handeln [GDS13], [Pe09].

Es besteht weitestgehend Einigkeit darüber, dass sachunterrichtliche Lernanlässe aufgrund der Orientierung an Phänomenen, sozialen Beziehungen sowie Gewohnheiten und Gebräuchen „quer zu den Fächern" [Sc82] liegen. Die Auseinandersetzung wird aber in der Regel anhand der naturwissenschaftlichen, der technischen, der raumbezogenen, der sozialwissenschaftlichen sowie der historischen Perspektive möglich [Pe09], [Ka16]. Nachfolgend wird exemplarisch die besondere Bedeutung der technischen Perspektive erläutert.

Ausgangspunkt für sachunterrichtsdidaktische Themen sind immer die Lebenswelten der Kinder. Technik durchdringt und prägt diese Lebenswelten. Sie sichert Existenz, erleichtert die Bewältigung des Alltags und bereichert die individuellen Lebensweisen. Um Möglichkeiten und Folgewirkungen von Technik zu erkennen und eine humane und zukunftsfähige Technik mitdenken, mit verantworten und mitgestalten zu können, braucht jeder Mensch grundlegende Kenntnisse von Technik und ihren Wirkungs- und Bedingungszusammenhängen [GSP18], [GDS13].

Starke Evidenz für die Annahme, dass „computer technology" einen signifikanten Einfluss auf Lernerfolg hat, führen u.a. Tamin et al. in einer umfangreichen Metastudie auf [Ta14]. Inwieweit der Umgang mit Einplatinencomputern sachunterrichtliches Lernen begünstigt, ist indes noch ungeklärt. Mit algorithmischen Phänomenen lässt sich überdies ein informatischer Teilbereich identifizieren, der einerseits eine zentrale Facette von informatischer Bildung darstellt [GI18] und dessen Fokussierung zum Beispiel in Forschungsprojekten eine sinnvolle Eingrenzung darstellen dürfte. Andererseits lassen sich beim Blick auf kindliche Lebenswelten algorithmische Phänomene auch in alltäglichen Handlungen identifizieren, die frei von Informatiksystemen sind [GI18]. Außerdem weisen die Konstrukte Algorithmusverständnis und wissenschaftliches Denken auf theoretischer Ebene Ähnlichkeiten auf, deren empirische Beschreibung jedoch ein Desiderat darstellt [HH10], [Fi14], [Ko11].

3   Beispiele der Einbindung eines Einplatinencomputers im Sachunterricht

Der derzeitige Forschungsstand lässt keine gesicherten Aussagen darüber zu, wie junge Kinder Algorithmen verstehen [Go17], [GSP18]. Deswegen stellen die folgenden Beispiele zunächst das Resultat theoretischer Überlegungen darüber dar, wie sich Themen des Sachunterrichts mit dem CMini umsetzten lassen können. Die Beispielcodes verdeutlichen hier, was sich mit dem u. a. mit dem CMini umsetzen lässt, dem allgemein ausreichend niedrigschwellige Ansätze zugeschrieben werden, in der Grundschule genutzt zu werden. Das Verwenden eines mit einem Beispielcode programmierten CMini ist dabei selbstverständlich nicht ausgeschlossen, ebenso wenig wie die Analyse des Quellcodes mit Grundschüler_innen.

3.1   Wahlcomputer – Sozialwissenschaftliche Perspektive

Ein verhältnismäßig niedrigschwelliges Szenario in der Programmierung des CMini erzeugt einen ferngesteuerten Automaten zur Stimmzählung. Ein einfacher Zähler, der die Häufigkeit der Tastendrucke speichert und ausgibt, lässt sich so mit Grundschüler_innen realisieren. In einem Beispiel aus einem Seminar der Lehrkräftebildung[5] an der Humboldt-Universität zu Berlin wurden indes mehrere CMinis genutzt, um die Stimmabgabe per Funk an einen CMini zu übertragen. Die Personen, die über keine Vorerfahrungen im Umgang mit Programmiersprachen verfügen, haben auf diese Weise ein Modell eines

---

[5] Seminar *Technik und Sachunterrichtsdidaktik*; WiSe 2017/18; Leitung: Jurik Stiller

Abstimmungssystems kreiert, bei dem jedes Kind mit dem eigenen CMini anonym eine Stimme abgeben kann.

Abb. 1: Beispielcode für Senden der Stimme

Aufbauend auf dem skizzierten Programm (Abb. 1 und 2) lassen sich Unterrichtsideen entwickeln, die u. a. als Teil von politischem bzw. demokratischem Lernen im sozialwissenschaftsbezogenen Sachunterricht relevant sind. Zusätzlich zu anderen wichtigen Inhalten[6] lassen sich am Beispiel insbesondere Fragen zu technisch unterstützten Abstimmungen diskutieren. Hierzu zählen offensichtliche Schwächen des Beispielprogramms. Eben diese Schwierigkeiten der Programmierung bieten jedoch Anlass, Funktionsweisen und Sicherheitsprobleme digitaler Medien/Informatiksysteme auf gesellschaftliche Bereiche zu thematisieren und zu reflektieren.

Ein Beispiel ist die Geheimhaltung des Stimmvorgangs im Zuge einer geheimen Wahl. Die Anonymität der automatisierten Stimmauswertung kann für Schüler_innen nachvollziehbar als gut gelöst wahrgenommen werden, wenn durch den CMini keine identifizierbaren Spuren hinterlassen werden, wie möglicherweise bei Verwendung von Zettel und Stift in einer kleinen Gruppe. Auf der anderen Seite könnte ein entsprechend modifizierter CMini die Reihenfolge der eingegebenen Informationen speichern und in Verbindung mit der Reihenfolge der Stimmabgabe zeigen, dass ein nicht nachvollziehbares System (bewusste) Schwächen in Hinblick auf Anonymität haben kann. Analog hierzu könnte ein manipulierter CMini auch die erhaltenen Stimmen per Funk weiterleiten. In einem didaktischen Szenario könnte dies deutlich gemacht werden, indem in einer Wahlkabine ein CMini für die Stimmabgabe liegt, nachdem gemeinsam ein Programm zur Auszählung entwickelt wurde. Zu Demonstrationszwecken könnte dann eine nicht-sensible Frage zur Abstimmung gegeben werden und mithilfe zweier manipulierter CMinis die jeweilige Abstimmung für den Rest der Klasse sichtbar übertragen und angezeigt werden. Eine ähnliche Situation kann in Hinblick auf die Verarbeitung der Stimmen konzipiert werden: Statt die jeweiligen Stimmen korrekt aufzusummieren, könnte wiederum ein manipulierter CMini jede A-Stimme doppelt zählen oder dergleichen.

An beiden Beispielen kann bereits für junge Kinder diskutierbar werden, dass die Eingabe von Informationen in Systeme nicht zwingend auf die Art und Weise verarbeitet wird, wie intuitiv vermutet. Dazu müssen nicht nur gezielte Manipulationen vorgenommen werden, auch das Nicht-Zählen von Stimmen aufgrund technischer Schwierigkeiten lässt sich

---

[6] e. g.: Aufgaben und Eignung von Klassensprecher_innen

durch ein Szenario erleben, bei dem etwa aufgrund von zu hoher Entfernung eine per Funk gesendete Stimme nicht registriert wird. Nicht zuletzt lässt sich die Notwendigkeit von verschlüsselten Übertragungen nachvollziehen, da sich jede Übertragung der CMinis leicht mit dem eigenen Gerät mitverfolgen lässt.

Somit bildet das Beispiel eine Grundlage zur Reflexion darüber, was Informatiksysteme leisten müssen, um bspw. sicherzustellen, dass jedes Kind genau einmal abstimmt, ohne dass für andere das Wahlverhalten ersichtlich ist. Es lassen sich darüber hinaus weitere Problemstellen denken, die sich durch den (hypothetischen) Einsatz von Technik für geheime Wahlen ergeben können. In den meisten Fällen kann die Beschäftigung mit den Funktionsweisen des Systems, etwa dessen Programmierung, dabei helfen, den Einsatz u. a. in Hinblick auf mögliche (Sicherheits-) Probleme oder technische Limitationen und Fehler besser nachvollziehen sowie reflektieren zu können.

Herauszufinden, ob und wie Gundschüler_innen das vorgestellte Beispiel entwickeln und/oder nachvollziehen können und inwiefern darauf aufbauende Reflexionen möglich sind, ist Teil eines Forschungsvorhabens.

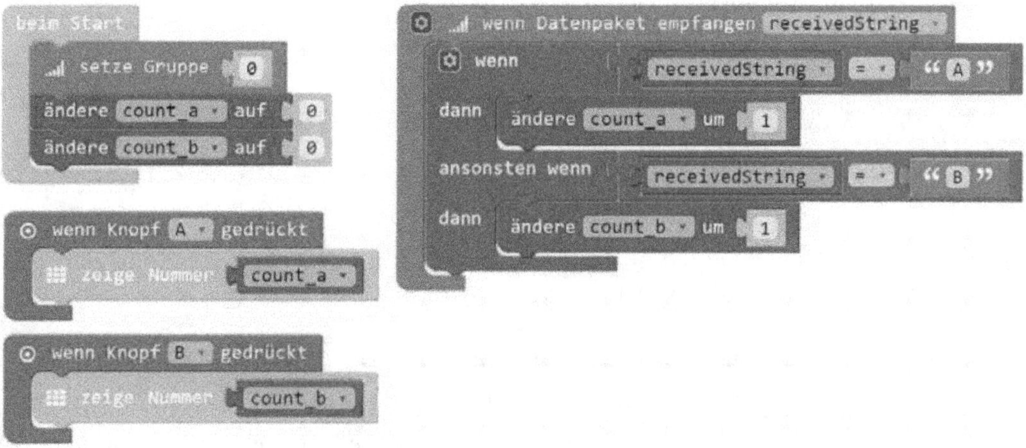

Abb. 2: Beispielcode für Empfänger der Stimmen

3.2   Messen – Naturwissenschaftliche Perspektive

Als zweites Beispiel dient das Thema Messen als wichtiger Teil des naturwissenschaftlichen Lernens[7]. Hierbei können Kinder nachvollziehen, welche Abstraktionsschritte (digitale) Messinstrumente häufig automatisch durchführen, ebenso welche möglichen Vorteile programmierbarer Systeme zu Erhebung von Daten bieten. Übergeordnetes Bildungsziel sind unter anderem das Nachvollziehen von Messverfahren zur Erhebung methodisch gesicherter Größen zur Unterscheidung von subjektiven / individuellen

[7] Etwa im Kontext des wissenschaftlichen Denkens/Arbeitens [Fi14].

Interpretationen sowie das Messen ausgewählter Größen und die Nutzung für Vergleiche [GDS13].

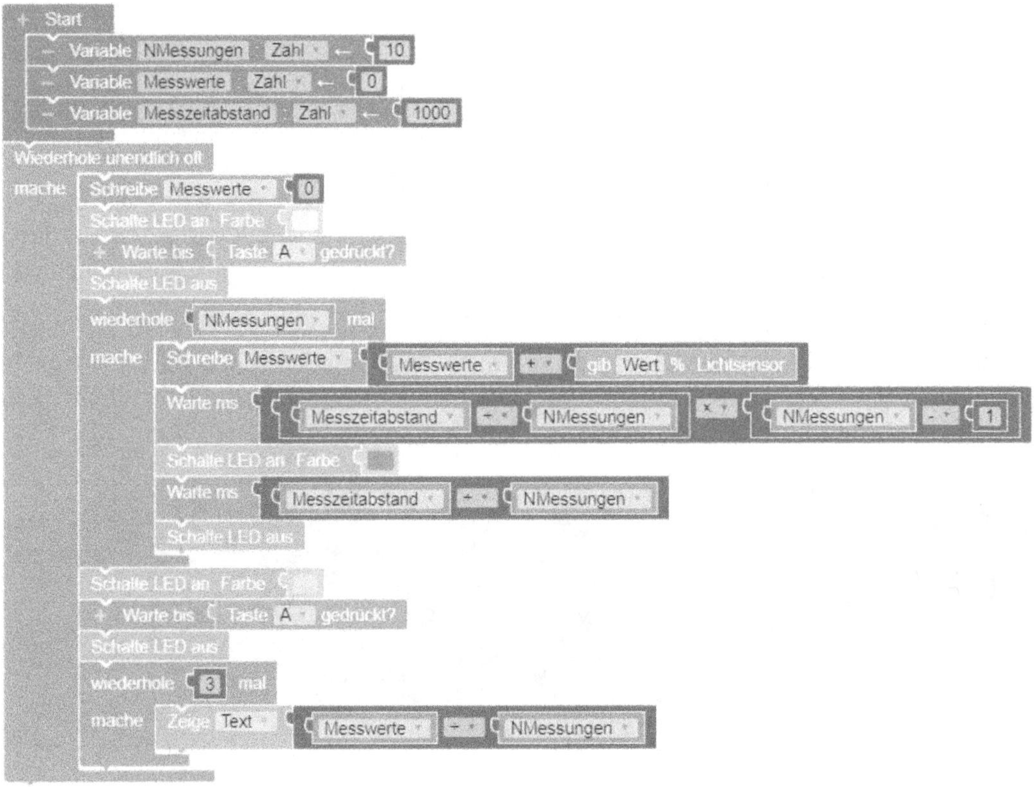

Abb. 3: Beispielcode arithmetischen Mittelwert von Messungen

Grundsätzlich lassen sich mit dem CMini sehr leicht Sensorwerte wie die Temperatur messen und anzeigen. Anders als ein analoges Thermometer bietet die Programmierung des CMini selbstverständlich Möglichkeiten, Variablen zu speichern sowie die Verarbeitung mehrerer Messwerte. So kann als Teil von Versuchen oder Experimenten mit kontrollierbar konstanten Zeitabschnitten ein Messwert mehrfach erhoben werden, auch an schwer zugänglichen Stellen. Dass sich die Erhebung bzw. der Umgang mit Messwerten vereinfacht, wenn Werte automatisiert erhoben werden können, kann Kindern so deutlich werden.

Die Verwendung eines informationsverarbeitenden Systems bietet darüber hinaus auch die Möglichkeit, mit Maßen der zentralen Tendenz in Berührung zu kommen. Wenn dies mit Grundschüler_innen durchgeführt wird, ermöglicht die Programmierung das direkte Nachvollziehen der zugrunde liegenden mathematischen Algorithmen. Die entsprechende Gestaltung eines solchen Beispiels zur Erhebung und Errechnung des arithmetischen Mittels von Messwerten erscheint herausfordernd (Abb. 3), bietet durch Umgang mit Variablen jedoch auch Einblick in fundamentale algorithmische Funktionsweisen. Zudem kann ggf. auch der mathematische Algorithmus explizit thematisiert werden. Nach einer unterrichtlichen Thematisierung dessen, lässt sich ein Programm für die Fokussierung der Mittelwerterrechnung simplifizieren, sodass auch Ähnlichkeiten zwischen mathematischem und informatischem Algorithmus deutlich werden können (Abb. 4).

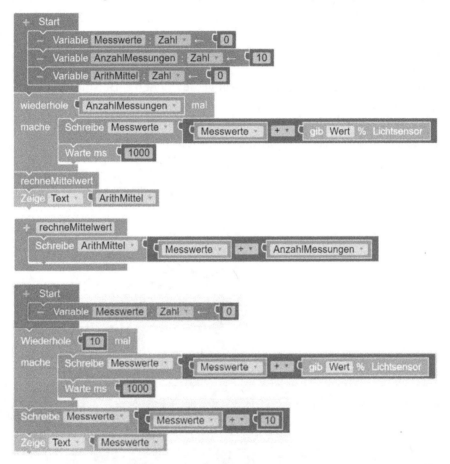

Abb. 4: Reduzierte Beispiele zur Errechnung des Mittelwerts von Messungen

Das beispielhafte Messinstrument veranschaulicht so Möglichkeiten, Vorteile der Verwendung eines programmierbaren Messinstruments zur Erhöhung der Güte der Messwerte zu nutzen. Die Auseinandersetzung mit den algorithmischen Grundlagen der Funktion des Messinstruments, knüpft dabei auch an mathematische Sachverhalte an, sodass das Lernen mit dem Einplatinencomputer und das Lernen über dessen Funktionsweisen einander bedingen. Nicht zuletzt ließen sich auch beliebige Sensoren anschließen, um Schwierigkeiten zu verdeutlichen, aus nicht skalierten, analogen Werten auf physikalische Größen zu schließen.

3.3 Ampelschaltung – Technische Perspektive

Das letzte Beispiel steht stellvertretend für Probleme, bei denen die gegenseitige Abhängigkeit mehrerer Bestandteile eines technischen Systems sicherheitsrelevant ist. Ein Modell einer Ampelschaltung lässt sich mit CMinis verhältnismäßig schnell umsetzen. Der Beispielcode zeigt indes eine Lösung, bei der je ein CMini die Ampelphase mit einer RGB-LED anzeigt und sicherstellt, dass nicht zwei Grünphasen zeitgleich stattfinden (Abb. 5). Inwieweit die beispielhafte Lösung tatsächlichen Ampelsteuerungen ähnelt, kann hier nicht diskutiert werden. Stattdessen verdeutlicht das Beispiel auch die Digitalisierung technischer Systeme. Analog könnte auch die Steuerung einer Waschmaschine oder dergleichen verdeutlichen, wie ein technisches System auf algorithmischer Basis gesteuert werden kann.

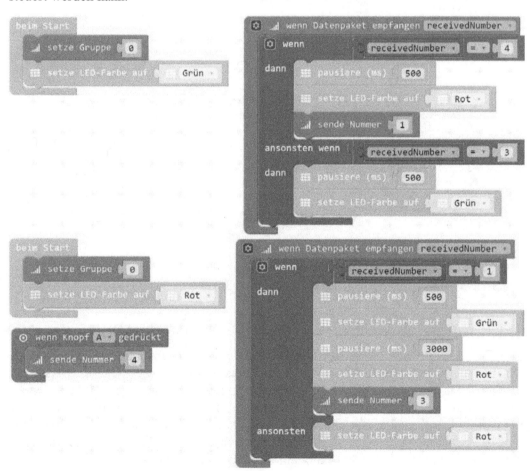

Abb. 5: Beispielcode für vernetzte Ampelschaltung mit CMini

Ein Vorteil der Beschäftigung mit einem derartigen Beispiel besteht darin, dass die Funktionsweise des technischen Modells sich algorithmisch beschreiben lässt. Auf diese Weise kann eine Ampel, deren Funktion lebensweltlich bereits bekannt ist, vertiefter durchdrungen werden, statt als Blackbox wahrgenommen zu werden. Eine wichtige Anforderung an zwei vernetzte Ampeln besteht hier in der Notwendigkeit, dass niemals beide Geräte zeitgleich grün zeigen. Wie dieses Verhalten ansatzweise sichergestellt werden kann, lässt sich derart für Schüler_innen am Modell nachvollziehen. Hieraus ergeben sich Reflexionspotenziale, auch in Hinblick auf die zentrale Funktion von Ampeln sowie mögliche Fehlerursachen komplexer technischer Systeme, deren zuverlässige Funktion alltäglich essentiell sind. Nicht zuletzt ermöglicht die Auseinandersetzung mit dem Ampelmodell Diskussionen über Folgen von Manipulationen technischer Systeme.

4   Fazit

Die Thematisierung algorithmischer Probleme kann bereits Grundschüler_innen die Möglichkeit eröffnen, deren Besonderheiten und Herausforderungen zu reflektieren – etwa Sicherheitsprobleme beim Programmieren eines Abstimmungscomputers. Es gibt wenige konkrete Unterrichtsbeispiele, im Beitrag haben wir mögliche curricular valide Anknüpfungspunkte präsentiert und zeigen damit zugleich auf, wie in Beispielen das Lernen *über* mit dem Lernen *mit* Medien verknüpft ist. Darüber hinaus kann der Umgang mit informatischen Themen technischer Realität gerecht werden, indem die heute vielfach realisierte Verknüpfung von technischen Anwendungen mit zugrunde liegender Informationsverarbeitung in den Fokus gerückt wird. Technische Phänomene in den jeweiligen Lebenswelten – mutmaßlich zukünftig zunehmend – können so nicht nur in ihren Auswirkungen Gegenstand des Sachunterrichts werden, sondern auch deren Funktionsweise. Die Orientierung im Straßenverkehr kann auf diese Weise auch den Anlass bilden, Blackboxes der Lebenswelten besser zu verstehen, wobei zugrunde liegende Funktionsweisen sich mannigfach auf andere Informatiksysteme übertragen lassen. So könnte die Beschäftigung mit Ampeln durch Analyse des obigen Beispiels den Aufbau eines fachlich angemessenen Verständnisses von Ampelsystemen auszubilden.

Aus den Überlegungen zu didaktischen Konsequenzen des Umgangs mit einem Einplatinencomputer aus sachunterrichtsdidaktischer Perspektive lässt sich folgende Hypothese formulieren: Das Lernen *mit* dem Medium *Einplatinencomputer* erzwingt das Lernen *über* Medien anhand der Thematisierung informatischer Aspekte – insbesondere algorithmischer Phänomene. Diese Hypothese bildet die Grundlage zur weiteren Auseinandersetzung und Adressierung in der Lehrkräftebildung im Sinne von [Wa02] sowie zur forschenden Auseinandersetzung u. a. in einem Dissertationsvorhaben [GSP18].

Literaturverzeichnis

[Fi14]   Fischer, F. et al.: Scientific Reasoning and Argumentation: Advancing an Interdisciplinary Research Agenda in Education. In Frontline Learning Research, 2014.

[GDS13]   Gesellschaft für Didaktik des Sachunterrichts: Perspektivrahmen Sachunterricht. Verlag Julius Klinkhardt, Bad Heilbrunn, 2013.

[GI18]   GI – AK Primarbereich: Kompetenzen für informatische Bildung im Primarbereich. https://metager.to/gi-bs-pb, 28.02.2018.

[Go17]   Goecke, Lennart (2017). *Exploration der Zugänge von Drittklässler_innen beim Umgang mit programmierbarem Material im Sachunterricht – eine videographische Analyse*. Humboldt-Universität zu Berlin, Berlin. Unveröffentlichte Masterarbeit.

[GS18]   Goecke, L.; Stiller, J.: Algorithmenverständnis in der Primarstufe – Eine Studie im Kontext des Einsatzes von programmierbarem Material (Arbeitstitel). In (Mammes, I.; Murmann, L. Hrsg.): Technische Bildung im Elementar- und Primarbereich (Arbeitstitel). Eingereicht.

[GSP18]   Goecke, L.; Stiller, J.; Pech, D.: Algorithmische Verständnisweisen von Drittklässler/innen beim Explorieren von programmierbarem Material. In (Franz, U. et al. Hrsg.): Handeln im Sachunterricht. Verlag Julius Klinkhardt, Bad Heilbrunn, 2018.

[HH10]   Hellmich, F.; Höntges, J.: Wissenschaftliches Denken in der Grundschule. In (Köster, H. Hrsg.): Handbuch Experimentieren. Schneider-Verl. Hohengehren, Baltmannsweiler, 2010.

[Ka16]   Kahlert, J.: Der Sachunterricht und seine Didaktik. Verlag Julius Klinkhardt, Bad Heilbrunn, 2016.

[Kn17]   Knaus, T.: Verstehen – Vernetzen – Verantworten - Warum Medienbildung und informatische Bildung uns alle angehen und wir sie gemeinsam weiterentwickeln sollten. In (Diethelm, I. Hrsg.): Informatische Bildung zum Verstehen und Gestalten der digitalen Welt. 17. GI-Fachtagung Informatik und Schule; 13.-15. September 2017 Oldenburg. Gesellschaft für Informatik e.V. (GI), Bonn, 2017.

[Ko11]   Koerber, S. et al.: Die Entwicklung des wissenschaftlichen Denkens im Grundschulalter. In Zeitschrift für Entwicklungspsychologie und Pädagogische Psychologie, 2011, 43; S. 16–21.

[Pe09]   Pech, D.: Sachunterricht – Didaktik und Disziplin. Annäherung an ein Sachlernverständnis im Kontext der Fachentwicklung des Sachunterrichts und seiner Didaktik. In www.widerstreit-sachunterricht.de, 2009.

[Sc82]   Schreier, H.: Die Sache des Sachunterrichts. Entwurf einer Didaktik auf der Grundlage der Erfahrungspädagogik. Schöningh, Paderborn, 1982.

[Ta11]   Tamim, R. M. et al.: What Forty Years of Research Says About the Impact of Technology on Learning. In Review of Educational Research, 2011, 81; S. 4–28.

[Wa02]   Wahl, D.: Mit Training vom trägen Wissen zum kompetenten Handeln? In Zeitschrift für Pädagogik, 2002, 48; S. 227–241.

Textuelle Programmierung mit 5.- und 6.-Klässlern, kann das funktionieren?

Einblicke in ein Modellprojekt mit sieben Schulen aus der Städteregion Aachen

Katja Bach[1], Nils Springob[2]

Abstract: In diesem Beitrag wird über ein Modellprojekt aus dem Bereich „Programmieren lernen" für die Sekundarstufe I berichtet. Es wird zunächst kurz auf die Entstehung eingegangen, anschließend wird der Ablauf und die Umsetzung des Projekts beschrieben. Nach der genauen Darstellung des Aufbaus der einzelnen Tutorials wird auf die Strategie zur Motivierung der Schülerinnen und Schüler eingegangen. Abschließend wird ein kurzes Fazit gezogen.

Keywords: Einstieg in die Digitale Welt, Textuelle Programmierung, Sekundarstufe I, digitale Aufklärung

1   Einleitung

Von Januar bis Juni letzten Jahres haben sich sieben Schulen, 14 Lehrerinnen und Lehrer und 223 Schülerinnen und Schüler einer ganz besonderen Herausforderung gestellt: Ohne Vorkenntnisse bauen die Schüler[3] in ein bis zwei Doppelstunden einen eigenen kleinen Roboter zusammen und programmieren ihn anschließend textuell in C/C++. Kann das überhaupt funktionieren? Macht den Schülern das Spaß? Lernen sie auch tatsächlich etwas? Darauf waren wir wirklich sehr gespannt und haben alle Schulklassen bei der Durchführung begleitet.

Das Modellprojekt sollte validieren, ob sowohl der Zusammenbau einer elektronischen Schaltung als auch der textuelle Einstieg in die Programmierung mit einem interaktiven Tutorial im regulären Klassenverband mit bis zu 30 Schülern umsetzbar ist.

2   Entstehung des Lernkonzepts

Die Entwicklung des Lernkonzepts fand über mehrere Iterationen statt. Inspiriert von Seymour Paperts Aussage zur konstruktionistischen Didaktik „learning is most effective when part of an activity the learner experiences as constructing a meaningful product." [Pa87] vermitteln wir seit über zehn Jahren Kindern den Einstieg in Informatik und Technik anhand mobiler, programmierbarer Roboter zusammen mit digitalen

---

1 Am Denkmal 8, 52223 Stolberg, katja.bach@bob3.org
2 Am Denkmal 8, 52223 Stolberg, nils.springob@bob3.org
3 Im Folgenden sind mit der Bezeichnung Schüler sowohl Schülerinnen als auch Schüler gemeint.

Lernkonzepten. Die mobilen Roboter werden von den Lehrern ca. ab Klasse 9 bis in die Oberstufe, hauptsächlich im Rahmen von AGs, eingesetzt. Zunächst wurden für die Roboter klassische, statische Lernmittel in Textform erarbeitet[4]. Aus diesen Lernmitteln sind vor einigen Jahren Arbeitsblätter für den Unterricht entstanden und aus diesen wiederum ein interaktives, auf Selbstlerneinheiten basierendes, Programmier-Tutorial[5]. Für das Tutorial wurde eine komplett neue Web-Oberfläche erarbeitet, in die ein Eingabeeditor, ein Compiler, strukturierte Lerneinheiten in Textform, aufbauende Aufgabeneinheiten und Wissensabfrageeinheiten integriert sind. Sobald der Schüler einzelne Einheiten abgearbeitet hat, werden die nächsten Einheiten angeboten. Die Oberfläche reagiert auf Benutzereingaben, zum Beispiel durch Fehlermeldungen beim Compilieren oder auch durch das direkte Feedback der ausgewerteten Abfrageeinheiten oder Einblendungen von Tips und Hinweisen. So steht der Schüler im direkten Dialog mit der Oberfläche und kann die Lerneinheiten in individuellem Tempo bearbeiten. Dieses interaktive Tutorial stieß sowohl bei Lehrern wie auch bei Schülern auf großes Interesse.

Da seitens der Lehrer der Wunsch nach einem Konzept für den Anfang der Sekundarstufe I bestand, bei dem der Schwerpunkt auf der Programmierung liegt und der Zusammenbau ca. eine Doppelstunde dauern sollte, wurde BOB3 als einfaches Mikrocontroller-System in Form eines kleinen Roboters entwickelt, bei dem auf die Verwendung von mechanischen Komponenten verzichtet wurde.

Das interaktive Tutorial wurde passend zur BOB3-Hardware von Grund auf neu entworfen. Nach der Fertigstellung einer technisch funktionierenden Version wurde es in den ersten Monaten in mehreren Durchläufen mit einzelnen Kindern und mit Kleinstgruppen getestet. Die Handlungsstrategien der Kinder beim Lösen der Aufgaben wurden genau analysiert. Problematische Stellen in der Benutzerführung wurden verbessert und angepasst. Beim erneuten Testdurchlauf wurde dann verifiziert, dass diese Änderungen auch zielführend waren. Gleichzeitig wurde dabei auch die Akzeptanz bei verschiedenen Altersgruppen der Sekundarstufe I getestet.

Nachdem sichergestellt war, dass der erste Teil (Intro I) des Programmier-Tutorials in der Regel selbstständig von allen Kindern bearbeitet werden konnte, wurde das Konzept mit vier siebten Klassen an einem Gymnasium auf Praxistauglichkeit hin untersucht. Dabei zeigten sich zunächst noch einige Verbesserungsmöglichkeiten im Zusammenhang mit der inhomogenen Rechnerausstattung und in der zu erwartenden unterschiedlichen Internetanbindung von Schulen, die alle gelöst werden konnten, indem noch konsequenter auf eine möglichst niedrige erforderliche Internet-Datenrate bei der Durchführung der Tutorials gesetzt wurde: Bei einem Wechsel zum nächsten Kapitel werden jetzt nur noch ca. 10 kB Daten übertragen, bei einem Kompiliervorgang sind es ca. 25 kB. So kann die aktuelle Version des Tutorials auch problemlos an 30 Schülerarbeitsplätzen in einem Schul-WLAN durchgeführt werden.

---

4 http://download.nicai-systems.com/nibo/Tutorial_NIBObee_20141201.pdf
5 https://www.roboter.cc/codingTutorial/niboburger/index.php

3 Ablauf und Umsetzung des Modellprojekts

Zu Beginn des Modellprojekts wurde ein Workshop mit den teilnehmenden Lehrern durchgeführt. Der Workshop war genauso aufgebaut, wie auch der spätere Unterricht umgesetzt werden sollte: Den Teilnehmern wurde zunächst eine kurze Einführung in die handwerkliche Tätigkeit des Lötens gegeben. Direkt im Anschluss hat jede Lehrkraft selbstständig einen eigenen, kleinen Roboter zusammengebaut. Nach einer kurzen Inbetriebnahme konnten die Teilnehmer direkt mit dem selbsterklärenden Tutorial starten und ihre Roboter eigenständig programmieren.

Der Zusammenbau der Roboter mit den Schülern hat in der Regel eine Doppelstunde benötigt. Mittels mehrerer großformatiger Detailvideos von einem erfolgreichen Lötvorgang lernten die Teilnehmer, wie sie eine gute Lötstelle erkennen und selber umsetzen können. Alternativ hierzu kann der Lehrer selber am Lehrertisch eine Lötstelle vorführen und mittels Dokumentenkamera projizieren. Nicht bewährt hat sich das ‚Löten lernen‘ nach dem Trial and Error Verfahren.

Für eine effiziente Umsetzung beim Bau hat sich ein Betreuungsverhältnis von 15:1 als optimal erwiesen, wobei jeweils zwei Schüler einen Arbeitsplatz gemeinsam verwenden und sich so gegenseitig unterstützen können.

In der folgenden Doppelstunde lernten die Schüler die Programmierumgebung des Tutorials kennen und bedienen. Hierbei zeigte sich, dass die IT-Kenntnisse der Schüler stark variierten. Während einige noch mit dem Starten des Web-Browsers und der Eingabe der URL beschäftigt waren, setzten sich andere schon mit konkreten Aufgaben aus dem ‚Intro I‘ Tutorial auseinander. Da es jedoch an Motivation nicht mangelte, waren auch die langsameren Schüler spätestens ab der zweiten Programmierstunde mit den Aufgaben aus dem ‚Intro I‘ Tutorial beschäftigt. In den folgenden Wochen haben die Schüler in über 10-12 Unterrichtseinheiten die verschiedenen Tutorials bearbeitet. Hierbei empfiehlt sich der reguläre Betreuungsschlüssel von 30:1.

4 Aufbau des Programmier-Tutorials

„Im Informatikunterricht ist die Problematik, dass Schüler unterschiedlich rasch lernen und unterschiedlich rasch vorankommen, gravierender als in anderen Fächern." [HNR07] Aus dieser Überlegung heraus wurde das Tutorial so entwickelt, dass es von den Schülern in individueller Geschwindigkeit bearbeitet werden kann. Die Grundlagen sollen von allen Lernenden bearbeitet werden, die Vertiefungen sind zur inneren Differenzierung für leistungsstarke Schüler konzipiert. Dazu ist das Programmier-Tutorial, wie in Abb. 1 zu sehen, in Sub-Tutorials unterteilt.

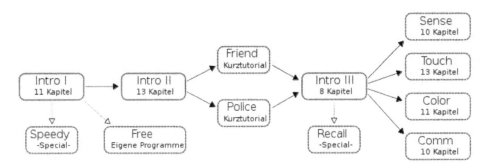

Abb. 1: Struktur des Programmier-Tutorials

Das anfängliche Tutorial ‚Intro I' vermittelt den Schülern zunächst den grundlegenden Umgang und die Bedienung der Lernoberfläche. Um möglichst schnell zu einem Punkt zu gelangen, an dem die intrinsische Motivation der Schüler die weitere Bearbeitung der Aufgaben sicherstellt, werden die ‚Basics' (Kompilieren, Übertragen, nächstes Kapitel) im Sinne des Imitierens gelernt.

In den folgenden Kapiteln wird das Verständnis für die Details sukzessive auf ein höheres Lernniveau angehoben, indem die Schüler zunächst die Aufgabe bekommen, kleine Änderungen an den Programmtexten durchführen. In späteren Kapiteln werden diese Aufgaben umfangreicher und auch in ihrer Art komplexer. Dabei geht es in diesem Tutorial um das Verständnis der informatischen Grundkonzepte Sequenz, Aktion und Verzögerung.

Das ‚Intro II' Tutorial startet mit Verzweigungen und Vergleichsoperatoren. Die Schüler setzen sich dabei mit dem Konzept der Bedingung auseinander. Anschließend lernen sie die Verwendung einer Variablen zur Zwischenspeicherung eines Sensorwertes kennen. In Kombination mit der Verzweigung programmieren sie daraus einen Algorithmus zur Detektion eines Hindernisses. Zum Abschluss erlernen die Schüler das Konzept einer Schleife. Dabei setzen sie das erworbene Wissen über Bedingungen und Variablen ein.

Im Anschluss an das ‚Intro II' Tutorial haben die Lernenden die Auswahl zwischen zwei Kurz-Tutorials „Polizeilicht" und „Freundschaftstester", in denen gezeigt wird, wie das erworbene Wissen interessant in der Praxis angewendet werden kann.

Im ‚Intro III' Tutorial lernen die Schüler anhand der Touch-Sensoren das Konzept der Fallunterscheidung kennen. Anschließend definieren sie eine eigene Funktion und rufen diese aus dem Hauptprogramm auf.

Nachdem die Schüler die Grundlagen soweit erlernt haben, können sie aus vier Vertiefungstutorials mit unterschiedlichen Themenschwerpunkten wählen. Schwerpunkte hierbei sind: Kommunikation und Datenübertragung zwischen mehreren Roboter-Einheiten, Farbentheorie anhand der beiden Farbmodelle RGB und HSV, Ereignisbehandlung durch Auswertung der Touch-Sensoren und die Analyse von Messergebnissen der IR-Sensorik.

Die fundamentalen Ideen nach Andreas Schwill [Sc93], die durch das Tutorial allen Lernenden vermittelt werden, sind im Folgenden aufgeführt: Aus dem Bereich Algorithmisierung sind es die Programmierkonzepte ‚Konkatenation‘, ‚Alternative‘ und ‚Iteration‘, aus dem Bereich strukturierte Zerlegung ist es der Teilbereich Hierarchisierung mit den Methoden ‚Schachtelung‘, ‚Klammerung‘ und ‚Einrückung‘ und aus dem Bereich Sprache sind es sowohl die syntaktischen Konzepte ‚Erkennen‘ und ‚Erzeugen‘, wie auch die semantischen Konzepte ‚Konsistenz‘ und ‚Vollständigkeit‘.

4.1 Aufbau der Kapitel

Jedes Sub-Tutorial ist in einzelne Kapitel unterteilt, die Kapitel bauen inhaltlich direkt aufeinander auf (Abb. 2) .

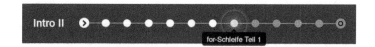

Abb. 2: Navigationsleiste - Sub-Tutorial ‚Intro II‘ mit 13 Kapiteln

Zu jedem Kapitel gibt es mehrere Unterpunkte mit Informationseinheiten, Aufgabeneinheiten und Wissensabfrageeinheiten (Abb. 3). Bei den Informationseinheiten werden neue Konzepte und Inhalte in der Theorie vorgestellt. Sie sollen von den Schülern gelesen und verstanden werden.

```
1  #include <BOB3.h>
2
3  // B-O-B-3 als Wahrheitsfinder
4
5  void setup() {
6
7  }
8
9  void loop() {
10
11    // Falls die Bedingung wahr ist -> Augen grün
12    if (3 > 1) {
13      bob3.setEyes(GREEN, GREEN);
14    }
15    // Sonst -> Augen rot
16    else {
17      bob3.setEyes(RED, RED);
18    }
19
20  }
```

__aufgabe__

Ändere die Bedingung:

100 > 1000

Compiliere das neue Programm und teste es auf deinem BOB3.

Was passiert jetzt?

Abb. 3: Aufteilung eines Kapitels in Unterpunkte

Bei den Aufgabeneinheiten sollen die Schüler das erworbene Wissen in der Praxis anwenden. Die Aufgabeneinheiten sind angeleitete Änderungen im Quelltext, die Interpretation und Übersetzung von Pseudo-Code oder freie Aufgaben, in denen die Änderungen bzw. die hinzuzufügenden Quelltextteile nur grob umschrieben werden. Den letzten Punkt eines Kapitels bildet eine Wissensabfrageeinheit mit ein bis drei Multiple-Choice-Fragen zum jeweiligen Thema.

4.2   Motivation

Nach Hubwieser [Hu07] ist Motivierung das vordringlichste Ziel didaktischen Handelns. Das Tutorial setzt zur Motivierung primär auf intrinsische Motivationselemente, wie Erfolg, Interesse, Schaffensfreude und Ehrgeiz. Der Erfolg entsteht dadurch, dass die Schüler die leichten Aufgaben am Anfang in der Regel lösen können und der Roboter sich dann so verhält wie er soll. Interesse wird dadurch erzeugt, dass die Aufgaben den Schülern Freude bereiten und aus dem Erfahrungsbereich der Lernenden stammen, wie zum Beispiel beim Verändern der Augenfarbe oder später bei der Implementierung einer einfachen Alarmanlage. Die Schüler können jederzeit spontanen Interessen folgen, da sie den Quellcode beliebig gestalten können und somit auch von den Aufgabenstellungen abweichen können.

Durch die Verteilung von Medaillen beim Erreichen jeweiliger Zwischenergebnisse wird der Ehrgeiz der Schüler angesprochen. Der Einsatz von extrinsischer Motivation ist bewusst niedrig gehalten und kommt nur in ritueller Form bei der korrekten Beantwortung der Wissensabfragen in Form von Jubel und Applaus vor.

5   Ergebnisse und Fazit

Insgesamt zeigte sich, dass Schülerinnen und Schüler der fünften und sechsten Klasse keine Probleme mit einem textuellen Programmiereinstieg haben. Sie empfanden das BOB3-Projekt als motivierend und interessant und die Themenbereiche Informatik und Technik als attraktiv.

Die Schüler haben eine Vorstellung davon gewonnen, was Programmieren bedeutet und wie sie das erlernte Wissen anwenden können. Da es sich in der Regel um einen ersten Kontakt mit dem Bereich Informatik handelte, ist die erfolgte digitale Aufklärung der Schüler besonders hervorzuheben: Wie funktioniert eigentlich unsere Digitale Welt? Was sind digitale Daten und was kann man damit machen? Wie lassen sich Abläufe und Algorithmen mit Quellcode automatisieren und welche Potentiale ergeben sich daraus? Was sind Mikroelektroniken und wie funktionieren sie? Durch den Zusammenbau eines eigenen Mikrocontroller-Systems und die anschließende selbständige Programmierung haben die Schüler ein gutes Anfangsverständnis für die oben genannten Zusammenhänge entwickelt. Da alle realen Softwareprojekte in textuellen Sprachen wie PHP, Ruby, Java-Script, Python, C++ oder C# umgesetzt werden, ist besonders hervorzuheben, dass die Schüler die erlernten textuellen Programmier-Strukturen dort überall wiedererkennen und anwenden können.

Während des Projekts stellten die Kinder nach einiger Zeit aus eigenem Antrieb Fragen zum Thema und zeigten so, dass sie ein weitergehendes Interesse am Hintergrundwissen der Themenbereiche Informatik und Technik bekommen haben. Da sich dieser Effekt nicht nur auf einzelne, schon vorab technikbegeisterte Schüler beschränkt hat, zeigt sich, dass der gesamten Klasse ein positives Image für die beiden Bereiche vermittelt werden konnte. Insbesondere ist uns aufgefallen, dass dabei keine Unterschiede zwischen Jungen und Mädchen auftraten. Sowohl die Mädchen als auch die Jungen arbeiteten in der Breite motiviert und zeigten eine hohe Lernbereitschaft.

In den Klassen der Modellschulen entwickelte sich eine positive Gruppendynamik, da die Kinder ohne Ausnahme großes persönliches Interesse zeigten. Jeder Schülerin und jedem Schüler war es wichtig, dass der eigene Roboter funktioniert. Die schnelleren Schüler zeigten den anderen gegenüber eine hohe Hilfsbereitschaft, die auch gerne angenommen wurde.

Durch das interaktiv aufgebaute Programmier-Tutorial war die Durchführung im Klassenverband sehr gut möglich. Es zeigte sich, dass Kinder mit Leseschwäche lediglich langsamer vorankamen. Das Konzept des Tutorials konnte gerade hier sein Potential beweisen, da die Schüler die Lektionen in individuellem Tempo bearbeiten konnten.

Aufgrund der hohen Motivation und Lernbereitschaft der Schüler und der guten Durchführbarkeit zeigten sich die Lehrerinnen und Lehrer als äußerst zufrieden. Es ist gelungen, ein motivierendes Informatikprojekt im Klassenverband durchzuführen und den Schülerinnen und Schülern grundlegende Einblicke in die Programmierung zu vermitteln.

Literaturverzeichnis

[Hu07]   Hubwieser, P.: Didaktik der Informatik. Springer-Verlag, Berlin Heidelberg, 3., überarb. und erw. Auflage, 2007.

[HNR07]   Hartmannn, W.; Näf, M.; Reichert, R.: Informatikunterricht planen und durchführen. Springer-Verlag, Berlin Heidelberg, 1., korrig. Nachdruck, S. 84, 2007.

[Sc93]   Schwill, A.; Fundamentale Ideen der Informatik. ZDM - Zentralblatt für Didaktik der Mathematik, Heft 1, S. 20-31, 1993.

[Pa87]   Papert, S.: Constructionism: A New Opportunity for Elementary Science Education. National Science Foundation, Abstract, 1987.

Softwareprojekte mit dem Rennsimulator "TORCS"

Till Zoppke[1]

Abstract: Die Rennsimulation TORCS [Wy14] ermöglicht es Forschern, Algorithmen für Autonome Fahrzeuge zu testen und die Güte von Machine-Learning-Verfahren zu vergleichen. Der Autor stellt TORCS und die Funktionsweise einer Fahrer-KI vor und berichtet von seinen Erfahrungen beim Einsatz von TORCS für Softwareprojekte.

1 TORCS – The Open Racing Car Simulator

TORCS [Wy14][Wy15] ist eine Open-Source Rennsimulation, die seit 1997 entwickelt wird. Simulatoren bilden einen Aspekt oder Teilbereich der Realität regelbasiert über die Zeit nach. Sie werden zu unterschiedlichen Zwecken eingesetzt: Flugsimulatoren beispielsweise dienen der Aus- und Weiterbildung von Piloten, Sportsimulationen sind ein bekanntes Genre der Computerspiele, und zu Forschungszwecken wird der Ursprung des Universums simuliert.

Quelle: TORCS [Wy14]

Abb. 1: Start-Screen der Rennsimulation TORCS

In seiner Aufmachung ähnelt TORCS Rennspielen wie Need for Speed (1994) oder Gran Turismo (1997). Während letztere sich zu erfolgreichen Serien entwickelten, mit high-end Grafik und erzählerischen Komponenten in Gestalt von Kampagnen, verlegten sich die Entwickler von TORCS auf eine immer genauere Simulation der Fahrdynamik und sind hier so weit gekommen wie kein anderes vergleichbares Open Source Projekt.[2] Simuliert werden u.a. Aerodynamik, Windschatten und Reifenabrieb. Zu der aktuell im Test befindlichen Version 1.3.8 haben neben dem Maintainer Bernhard Wymann noch zwei weitere

---

[1] Diplom Informatiker, Lehrer für Informatik und Mathematik, zoppke@gymnasium-tiergarten.de

[2] Ein mehr den spielerischen Elementen verpflichteter Fork ist "Speed Dreams" http://www.speed-dreams.org

Entwickler beigetragen. Verbessert wurden u.a. die Visualisierung von Reifenwechseln und das Reifenmodell mit nun temperaturabhängigem Grip [Wy17]. Für TORCS empfohlen ist ein PC mit einer 800MHz CPU, 256MB RAM, und einer 3D-Grafikkarte mit OpenGL 1.3. Dank der seit mindestens 2006 unveränderten Systemvoraussetzungen läuft TORCS auch auf älteren PCs und ist für Windows und Linux verfügbar [Wy14].

Wie in anderen Rennspielen kann in TORCS ein menschlicher Spieler gegen von Künstlicher Intelligenz (KI) gesteuerte Fahrzeuge antreten. Solche Fahrer-KIs sind, wie die gesamte Simulation, in C++ programmiert. Über eine Schnittstelle greifen sie auf den aktuellen Zustand des Rennens zu und steuern die Fahrzeuge. Elf solcher Fahrer-KIs sind in TORCS enthalten. Seit 2015 findet jährlich das TORCS Endurance World Championship für Fahrer-KIs statt. In dieser über zehn Rennen ausgetragenen Meisterschaft treten Teams von je zwei Rennwagen auf unterschiedlichen Strecken von jeweils etwa 500km Länge gegeneinander an. Neben der Fahrzeugsteuerung Die Dauer der Rennen ist so bemessen, dass neben der Fahrzeugsteuerung auch eine Boxenstrategie sinnvoll ist. Die Fahrzeuge können für jede Strecke neu angepasst werden. An der Meisterschaft 2017 nahmen neun Teams teil. Wie bereits im Vorjahr gewann das Team "USRobotics" von Andrew Summer [End].

2   Simulated Race Car Competition

Informatik und Robotik haben mit den Ingenieurwissenschaften gemeinsam, dass sie sich, je nach Forschungsgebiet mehr oder weniger ausgeprägt, mit der Lösung praktischer Probleme beschäftigen. Um Forschungsteams über ihren spielerischen Ehrgeiz zu motivieren und die Bildung von Forscher-Communities zu unterstützen, werden für typische Probleme Wettbewerbe veranstaltet. In einem der bekanntesten Wettbewerbe dieser Art, dem RoboCup [RC], spielen seit 1996 Roboter in verschiedenen Ligen Fußball, mit dem Ziel, im Jahre 2050 gegen den menschlichen Weltmeister anzutreten. Einen wichtigen Impuls für die Forschung an autonomen Fahrzeugen leistete die DARPA, eine Forschungsagentur des US-Militärs, mit den "Grand Challenge" [DARPA] Wettbewerben in den Jahren 2004-2007.

Auch TORCS wird als Plattform für Wettbewerbe verwendet. Im Rahmen der jährlich stattfindenden Genetic and Evolutionary Computation Conference (GECCO) fand von 2007-2015 insgesamt sieben Mal das Simulated Car Racing (SCR) Championship statt [SCR15]. In diesem Wettbewerb werden die Fahrer-KIs mit unbekannten Rennstrecken konfrontiert, für die sie in Probeläufen eine Rennstrategie entwickeln können.[3] Für die SCR Wettbewerbe wurde TORCS um eine Server-Komponente mit Netzwerkschnittstelle erweitert, für die die Wettbewerber eine Rennfahrer-KI als Client entwickelten. Vorteil dieser Systemarchitektur ist, dass die Clients auf eigener Hardware laufen und andere Programmiersprachen als C++ nutzen können. Zusätzlich zu der als Patch ausgelieferten

---

[3] Hier zeigt sich der Paradigmenwechsel von klassischer Künstlichen Intelligenz hin zu maschinellem Lernen: Ziel ist nicht mehr, einen Algorithmus für ein konkretes Problem zu entwickeln, sondern eine erfolgreiche Lösung muss eine ganze Klasse von Problemen abdecken und sich auf die konkreten Gegebenheiten einer Probleminstanz einstellen können.

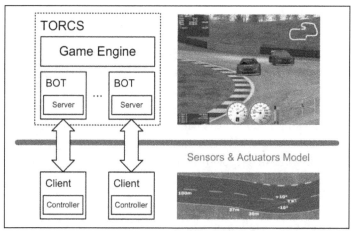

Quelle: SCR Software Manual [Wy14]

Abb. 2: Die Systemarchitektur der SCR Wettbewerbssoftware

Server-Komponente wurden auch prototypische Clients für verbreite Programmiersprachen zur Verfügung gestellt, die bereits die Kommunikation mit dem Server und ein einfaches Fahrverhalten implementieren.

Die Schnittstelle, die der Fahrer-KI über SCR zur Verfügung gestellt wird, bildet die Sensoren realer autonomer Fahrzeuge nach, abstrahiert jedoch von deren Rohdaten. Insgesamt 19 Werte mit Informationen über die Welt und den Zustand des Fahrzeugs werden alle 20ms vom Server über das Netzwerk an den Client geschickt.

Die **Geometrie der Strecke** kann aus einem Array von 19 Entfernungswerten zum Rand der Fahrbahn errechnet werden. Für die **Lokalisierung des Fahrzeugs** stehen die laterale Position relativ zur Streckenmitte, der Winkel zur Fahrbahn und der Abstand des Fahrzeugs zur Startlinie, gemessen entlang der Rennstrecke, zur Verfügung. Die Abstände zu **gegnerischen Fahrzeugen** im Sichtbereich werden mit einer Auflösung von 10° angegeben. Hinzu kommen Informationen über den Zustand des Fahrzeugs wie die aktuelle Geschwindigkeit, die Motordrehzahl und der eingelegte Gang.[4]

Ebenfalls alle 20ms kann die Fahrer-KI dem Server Aktionen zur Steuerung des Fahrzeugs übermitteln. Bedient werden werden Gaspedal, Bremse, Lenkung und Gangschaltung. Statische Eigenschaften des Fahrzeugs (Maße, Gewicht, Motorkennzahlen, Getriebe etc.) sind in einer XML Datei definiert. Über ein Flag kann das in TORCS eingebaute Schadensmodell ein- oder ausgeschaltet werden.

---

[4] Eine detaillierte Übersicht über die Schnittstelle bietet [LCL13, S.13f].

3 Entwicklung einer Fahrer-KI

Im Vergleich zu den Herausforderungen im Straßenverkehr ist es einfach, eine Runde auf einer Rennstrecke zu fahren. Mit nur wenigen Zeilen Quelltext kann eine KI programmiert werden, die das Fahrzeug auf der Strecke hält und es bis ins Ziel schafft. Der Einstieg in die Programmierung einer Fahrer-KI ist daher niedrigschwellig, und bereits kleine Änderungen ermöglichen bessere Rundenzeiten. Als Metrik für die Optimierung der Fahrer-KIs dient die Rundenzeit. Je weiter sich die KI der hypothetischen optimalen Rundenzeit nähert, desto aufwendiger werden jedoch die Algorithmen.

Das "Racing Problem" [Wy15, S.2], bei dem mehrere Fahrer-KIs um die beste Platzierung in einem Rennen kämpfen, ist vielschichtiger. Eine erfolgreiche Fahrer-KI muss sich hier auf das gegnerische Verhalten einstellen und z.B. langsame Fahrzeuge effizient überholen, und im Falle des TORCS Endurance World Chamionships auch eine Team- und Boxenstrategie entwickeln.

3.1 Umfelderfassung

In der Forschung zu Autonomen Fahrzeugen ist die Umfelderfassung eines der anspruchs-vollsten Gebiete. Es kommen Sensoren mit individuellen Stärken und Schwächen zum Einsatz. Für die Erfassung von Hindernissen werden Entfernungswerte von RADAR, LiDAR und Ultraschallsensoren mit Kamerabildern fusioniert. Die Lokalisierung erfolgt durch GPS und vergleichbare satellitengestützte Systeme in Kombination mit einer Inertialen Messein-heit (IMU) und einem Drehzahlmesser für die Fahrzeugräder. Durch die kamerabasierte Erfassung von Fahrbahnmarkierungen wird die Position mit Kartendaten abgeglichen.

Foto: Claudia Heinstein

Abb. 3: Ein autonomes Fahrzeug der Freien Universität Berlin

Die SCR-Schnittstelle abstrahiert von der in der Realität nötigen Rohdatenverarbeitung und Sensorfusion: statt einer Punktwolke oder einer Boundingbox ist die Entfernung zu einem gegnerischen Fahrzeug direkt verfügbar, so dass diese Informationen ohne weitere

Verarbeitung in die Verhaltensimplementierung einfließen können.[5] Ebenso sind die Entfernungen zum Fahrbahnrand, der Winkel zur Fahrbahn und die laterale Position direkt gegeben. Für ein komplexeres Verhalten können diese Informationen analysiert werden:

- Analyse der Streckengeometrie, z.B. Bestimmung des Radius einer Kurve
- Vorhersage der Position gegnerischer Fahrzeuge mittels Tracking
- Erkennung einer Kollision mit einem Gegner
- Erkennung, dass das Fahrzeug schleudert

3.2 Verhalten

Wie eingangs beschrieben sind die Situationen, in denen sich ein Rennfahrzeug befinden kann, beschränkt. Für die Fahrer-KI ist die Aufgabe, die aktuelle Situation aus den internen Fahrzeugdaten und den in der Umfelderfassung gewonnenen Informationen zu erkennen und ein adäquates Verhalten in Form einer Trajektorie[6] zu planen.

Das Standardverhalten eines Fahrzeugs kann man wie folgt beschreiben: fahre möglichst schnell und bleibe auf der Strecke. Falls die Streckengeometrie bekannt ist, z.B. durch Einlesen der die Strecke beschreibenden XML-Datei oder durch Kartierung während einer Trainingsfahrt, kann für die gesamte Strecke eine Soll-Trajektorie, die sogenannte Ideallinie, berechnet werden. Diese kann in Form einer Tabelle modelliert werden, die zu jedem Meter Entfernung von der Startposition Sollwerte für Geschwindigkeit, Winkel zur Fahrbahn und laterale Position enthält. Fabian Büeler weist zurecht darauf hin, dass aufgrund der vielen Einflussgrößen wie dem Fahrwerk, dem Gewicht, der Aerodynamik und der Motorisierung des Fahrzeugs eine analytische Berechnung der optimalen Trajektorie praktisch nicht möglich ist [Bü16, S.7]. Dies macht das Problem zu einem Anwendungsfall für maschinelles Lernen.

Für eine unbekannte Strecke muss die Trajektorie dynamisch geplant werden. Hier sind heuristische Algorithmen angebracht: Vollgas auf gerader Strecke, Bremsen vor einer Kurve. Eine einfache Heuristik für die Sollgeschwindigkeit basiert auf dem potentiellen Bremsweg: fahre nur so schnell, dass Du vor Erreichen des Fahrbahnrandes stehen bleiben könntest. Falls der Kurvenradius bekannt ist bzw. in der Umfelderfassung berechnet wurde, kann der Bremsweg statt bis zum Stillstand bis zum Erreichen der maximalen Kurvengeschwindigkeit verwendet werden. Eine weitere einfach zu implementierende Heuristik: fahre in einer Kurve weiter nach innen.

Während eines Rennens mit Windschattenfahren, Ausweich- und Überholmanövern wird das Fahrzeug von der Ideallinie abweichen, und eine dynamische Planung auch dann nötig

---

[5] Das KI-Forschungslabor "DeepMind" stellte 2016 eine Fahrer-KI für TORCS auf Basis eines Neuronalen Netzes vor, das mit der Video-Ausgabe von TORCS aus Sicht des Fahrers, d.h. mit den Farbwerten der Pixel je eines Frames, trainiert wurde und zwischen 75% und 90% der Leistung eines menschlichen Fahrers erreichte [Mn16].

[6] Eine Trajektorie bestimmt die Position eines Objektes im Raum über einem Zeitintervall.

sein, wenn zuvor eine Trajektorie statisch berechnet wurde. Für Wymann ist der Wettkampf einer Fahrer-KI mit gegnerischen Fahrzeugen besonders interessant, weil hier viele Ansätze möglich sind, und kaum vorauszusagen ist, welcher Ansatz funktioniert und welcher nicht [Wy06, S.107].

Kommt das Fahrzeug, z.B. weil es von einem Gegner gerammt wurde, von der Fahrbahn ab, so muss es zurück auf die Strecke fahren. Das Standardverhalten würde hier versagen, da für die Fahrbahnbegrenzungen außerhalb der Strecke keine Daten verfügbar sind. Es muss daher ein eigenes Verhalten implementiert werden, in dem die Trajektorie anhand der lateralen Position und dem Winkel zur Fahrbahn geplant wird. Ein weiterer Bad-Case tritt ein, wenn das Fahrzeug schleudert und verkehrt herum auf der Strecke oder vor einer Wand zu stehen kommt. Hierzu muss ein "Unstuck" [Wy06, S.37ff] genanntes Verhalten implementiert werden, das aus mehreren Schritten besteht: Zurücksetzen, Stoppen, Weiterfahren. Bereits die Erkennung des Steckenbleibens erfordert eine komplexe Fallunterscheidung.

Quelle: Screenshot aus TORCS [Wy14]

Abb. 4: Ein Überholvorgang in TORCS

3.3   Aktorik

Als letztes muss die Soll-Trajektorie auch auf die Fahrbahn gebracht werden, wofür Lenkung, Gas und Bremse zu regeln sind. Hier kommen Algorithmen aus der Regelungstechnik zum Einsatz, die auch in der Robotik verwendet werden. In realen Fahrzeugen wurden zum Teil schon im 20. Jh. Lösungen zur Stabilisierung des Fahrzeugs entwickelt und in eigenen Steuergeräten umgesetzt.

Das **Gas- und Bremspedal** wird über die Sollgeschwindigkeit geregelt: wenn die aktuelle Geschwindigkeit höher als die Sollgeschwindigkeit ist, dann bremse, ansonsten gibt Gas. Da Lastwechselreaktionen die Stabilität des Fahrzeugs beeinträchtigen können, ist es sinnvoll, die Pedale dosiert zu bedienen, z.B. indem der Druck proportional zur Differenz von aktueller und Sollgeschwindigkeit geregelt wird. Weitaus komplexer ist die **Lenkregelung**. Steuergröße ist hier der Lenkeinschlag, während die Abweichung in der lateralen Position gemessen wird. Proportional geregelt würde das Fahrzeug Schlangelinien fahren, besser geeignet ist ein PD-Regler. **Die Gangschaltung** lässt sich sowohl über die Geschwindigkeit als auch über die Motordrehzahl regeln. Die perfekten Schaltpunkte lassen sich aus der Drehmomentkurve des Motors und der Übersetzung des Getriebes errechnen. Die **Traktionskontrolle** kann durch ein Antiblockiersystem und eine Antriebsschlupfregelung erhöht werden. Die Fahrzeuggeschwindigkeit wird mit den Umdrehungsgeschwindigkeiten der einzelnen Räder abgeglichen, und bei Blockade bzw. Schlupf der Pedaldruck verringert.

4 TORCS im Schulunterricht

Für den Einsatz in einem Softwareprojekt muss das Racing-Problem so weit herunter gebrochen werden, dass es für Schülerinnen und Schüler zugänglich ist und sie nicht überfordert. Im Rahmen dreier Sommerkurse an der Freien Universität Berlin [FUB] und eines Grundkurses Informatik am Gymnasium Tiergarten [GT] habe ich mich darin versucht.

4.1 Lernziele

Ein Softwareprojekt zeichnet sich dadurch aus, dass die Lernenden eine Aufgabe über einen längeren Zeitraum bearbeiten, und dabei selbständig in Gruppen zusammenarbeiten. Sie wenden zuvor erworbene Programmierkenntnisse an und nutzen Werkzeuge zur Koordination und Planung. Diese Lernziele sind überwiegend unabhängig von der fachlichen Domäne, in der die Aufgabenstellung verortet ist, erreichbar.

TORCS ermöglicht den Lernenden einen Einblick in Problemstellungen und Algorithmen des Autonomen Fahrens und schließt sinnvollerweise an das Vertiefungsgebiet "Künstliche Intelligenz" an. Die Schülerinnen und Schüler entwickeln ihre Fahrer-KI mit Mitteln der klassischen KI. Anhand von im Internet verfügbaren Videos, die die Forschung an selbstlernenden Systemen dokumentieren, lässt sich jedoch auch der Paradigmenwechsel hin zu Maschinellem Lernen thematisieren [You].

Zusammen mit dem SCR-Patch [SCR15] werden auch Clients und einfache Fahrer-KIs u.a. in Python und Java, zwei im Informatikunterricht weit verbreiteten Programmiersprachen, ausgeliefert. Diese Prototypen, von der Lehrkraft ggf. auf das Softwareprojekt zugeschnitten, entlasten die Schülerinnen und Schüler beim Einstieg in die Programmierung und bieten ihnen Gelegenheit, das Lesen von Quelltext zu üben. Weniger eignet sich eine Fahrer-KI für einen objektorientierten Entwurf,[7] da die Verarbeitung der Eingaben und die Berechnung des Verhaltens sequenziell in einer einzigen Funktion, dem "Control Loop" erfolgen können.

---

[7] Der mit SCR ausgelieferte Java-Client, der die Netzwerk-Kommunikation mit dem SCR-Server besorgt, ist objektorientiert programmiert.

Die geringe Strukturiertheit einer einfachen Fahrer-KI erschwert die Aufteilung der Programmierung auf mehrere Entwickler. Sinnvoll ist daher die Einführung von Rollen wie Tester, Grafiker oder der Verantwortung für das Repository (falls verwendet) und der Paarprogrammierung. Eine Projektplanung ist anhand der im folgenden Abschnitt vorgestellten Funktionen möglich, nicht jedoch eine realistische Aufwandsschätzung.

Für ein Softwareprojekt der Oberstufe angemessen ist der Umstand, dass es sich bei TORCS/SCR nicht um eine Lernumgebung, sondern um ein in der Forschung tatsächlich verwendetes Framework handelt. Während TORCS und der SCR-Patch auf den Schulrechnern vorinstalliert waren[8] und per Mausklick gestartet wurden, mussten die Lernenden den Java-Client aus einem Repository laden, kompilieren und von der Konsole aus starten. Auch durch die Verwendung von Software-Werkzeugen (Batch-Scripte, Editoren, IDEs), von Versionsverwaltungen oder von Online-Plattformen wie github wird Software-Engineering geübt.

Auch Teststrategien, wie die Optimierung von Parametern durch eine Intervallschachtelung oder der Grundsatz, zwischen zwei Testläufen nur an einer Stellschraube zu drehen, können von den Schülerinnen und Schülern als wirksam erlebt werden. Wie in jedem Softwareprojekt arbeiten die Gruppen auf eine Deadline hin, präsentieren zum Abschluss ihre Ergebnisse und führen diese vor.

4.2 Informatische Konzepte und Technologien

Ein Pluspunkt von TORCS/SCR ist seine Differenzierung im Schwierigkeitsgrad der Programmierung. Für viele Funktionen einer Fahrer-KI gibt es einfache und komplexe Lösungen, wie in Tab. 1 dargelegt. Die Aufgabenstellung für das Projekt kann zudem so offen gestaltet werden, dass die Gruppen selbst entscheiden, welche Funktionen sie implementieren. Da die Gruppen mit einem lauffähigen Prototypen starten, zu dem sie immer wieder zurückkommen können, werden sie auch am abschließenden Rennen mit einer Fahrer-KI teilnehmen können.

Einen besonderen Stellenwert für die Softwareprojekte an der Freien Universität hatte die Unstuck-Funktion. Der zeitliche Rahmen (fünf Tage Vollzeit) und die fachlichen Fähigkeiten (künftige und aktuelle Studierende im Bachelor Informatik) ermöglichte es in den ersten beiden Durchführungen, die Implementierung einer Unstuck-Funktion als Bewertungskriterium anzusetzen. Bei der dritten Durchführung standen nur drei Tage für das Projekt zur Verfügung, so dass ich mich entschied, die Unstuck-Funktion bereits im Prototypen vorzugeben. Maßgeblich war aus meiner Sicht, dass in Rennen mit bis zu zehn startenden Fahrzeugen und auf unbekannten Strecken viele Fahrzeuge durch Kollisionen oder Fahrfehler von der Strecke abkommen, aber mit einer Unstuck-Funktion nicht aus dem Rennen sind sondern das Feld von hinten aufrollen können. Für das Softwareprojekt

---

[8] Ein Schüler installierte TORCS/SCR auch auf seinem PC zu Hause.

Funktion	Konzepte und Technologien	Kommentar
Gas und Bremse	if-else-Verzweigung, P-Regler, Hysterese	Einfach zu verstehen und umzusetzen
Lenk-regelung	Fahrdynamik, Systematisches Testen, PD-Regler	Simple Algorithmen (Abstand zum Rand) einfach umzusetzen
Gang-schaltung	switch-case-Verzweigung, Arrays, XML (Motorparameter)	Umsetzung schwieriger, als es auf den ersten Blick scheint
Soll-geschwindig-keit	Geometrie, Bremsweg	Wichtig, damit das Fahrzeug auf der Strecke bleibt
Unstuck	Zustandsautomat, Enum	Essentiell für Rennen mit vielen Gegnern und auf unbekannten Strecken. Komplexe Herausforderung
Gegner-erkennung	Kreativität für intelligentes Wettkampfverhalten	Wichtig (bei eingeschalteter Schadensfunktion): Abbremsen und Ausweichen
Anti-blockier-system	Reibungskoeffizient, Aerodynamik	Nice to have
Antischlupf-regelung	Reibungskoeffizient	Alternativ: Gasdruck und Lenkeinschlag für das Zurückfahren auf die Strecke beschränken
Erlernen der Strecke	Logging, Maschinelles Lernen, Ideallinie	aktuelles Forschungsgebiet, nur für Überflieger

Tab. 1: Java-Implementierung einer Fahrer-KI im Unterricht (vom Autor empfohlene Reihenfolge der Umsetzung)

am Gymnasium Tiergarten thematisierte ich die Unstuck-Funktion nicht, da ich sie für zu schwer für die Zielgruppe und den Zeitrahmen hielt.

4.3 Didaktische Entscheidungen

Eine weitere Rahmenbedingung, von der der Erfolg eines Softwareprojekts abhängt, ist die Gruppenbildung. Ein Nachteil von TORCS ist, wie oben beschrieben, dass sich die Programmierung nur schwer auf mehrere Personen aufteilen lässt, weshalb eine Gruppengröße von maximal drei, besser zwei Personen anzuraten ist. Die Einteilung kann mit dem Ziel erfolgen, gleich starke Gruppen zu bilden, um die Rennen spannend zu halten, aber auch den Lernenden selbst überlassen werden.

Für das Softwareprojekt am Gymnasium Tiergarten hatte ich die Verwendung von git und github als zur Entwicklung einer Fahrer-KI gleichwertiges Lernziel gesetzt, unter anderem vor dem Hintergrund der für das Semester angesetzten Klausur. In der Folge verblieb für die KI-Entwicklung so wenig Zeit, dass nur wenige Funktionen implementiert werden konnten. Eine Alternative wäre gewesen, auf git zu verzichten und das Projekt als

Klausurersatzleistung zu werten, um eine Fokussierung auf die Softwareentwicklung zu ermöglichen.[9]

Foto: Till Zoppke

Abb. 5: Ergebnisse des Finales (drei Rennen) im TORCS Projekt 2016 im Rahmen der Veranstaltung ProInformatik III an der Freien Universität Berlin

Wie bereits erwähnt ist eine weitere Stellschraube der Prototyp, mit dem die Lernenden in das Projekt starten. Um den Lernenden eine Belohnung für eine korrekte Installation zu geben, sollte er bereits lauffähig sein. Für einen leichten Einstieg und eine initial flache Lernkurve sollten die Lernenden die ersten Funktionen mit geringem Aufwand implementieren können. Der Quelltext des Prototypen sollte nicht zu komplex und für die Lernenden lesbar sein. Andererseits kann es auch hilfreich sein, wenn der Prototyp bereits hilfreiche Konstrukte wie einen Zustandsautomaten oder einen Geschwindigkeitsregler enthält. Für ein schulisches Projekt ist es außerdem sinnvoll, Hilfsmaterialien für den Fall, dass Gruppen bei der Implementierung einer Funktion nicht vorankommen, bereit zu halten.[10]

Zur zeitlichen Strukturierung eines Softwareprojekts bieten Zwischenpräsentationen an. Am Gymnasium Tiergarten hatte ich zwei solcher Präsentationen mit anschließender Retrospektive angesetzt. Von den Lernenden wurde dies jedoch als wenig hilfreich empfunden. Eine wohl bessere Variante wäre es gewesen, statt der Präsentationen die Fahrer-KIs für sich sprechen zu lassen und ein Rennen durchzuführen. Zu guter Letzt ist noch der Modus für das Abschlussrennen festzulegen: Art und Anzahl der Strecken, ob den Lernenden vorher bekannt, mit oder ohne eingeschaltetem Schadensmodell.

5   Fazit

TORCS bietet Lernenden einen Einstieg in das spannende Feld der KI-Programmierung und motiviert durch den kompetetiven Charakter eines Autorennens.[11] Die erzielte Rundenzeit ist

---

[9] Zu prüfen ist, ob der Rahmenlehrplan bzw. das schulinterne Curriculum dies gestatten.

[10] Denkbar wären eine Erläuterung des Geschwindigkeitsreglers, Formeln für die Berechnung des Bremswegs, Hinweise zur Implementierung der Gangschaltung etc.

[11] Eine Beobachtung ist, dass die Domäne "Rennfahrzeuge" Jungen mehr motiviert als Mädchen.

eine objektive Metrik für die Güte einer Fahrer-KI und bietet den Gruppen eine Rückmeldung über ihre Leistung, wie auch die Platzierung im Rennen relativ zu den anderen Gruppen. Die Aufgabenstellung ist differenzierend, da für viele KI-Funktionen sowohl einfache als auch anspruchsvolle Lösungen möglich sind. Die Anforderungen im Bereich Software-Engineering sind für Schülerinnen und Schüler der Sekundarstufe II angemessen und vertiefen das Client-Server-Modell.

Die Lernenden sollten ausreichende Programmierkenntnisse in Java bzw. Python mitbringen, es sollten mindestens 20 Stunden für das Projekt zur Verfügung stehen und maximal drei Personen gemeinsam in einer Gruppe arbeiten. Die Lehrkraft sollte darauf achten, neben der KI-Entwicklung nicht zu viele weitere Anforderungen wie z.B. Präsentationen oder die Verwendung Projektwerkzeugen an die Lernenden zu stellen, und sie, falls möglich, von der Teilnahme an einer Klausur zu entbinden. Zu wichtige Funktionen der Fahrer-KI sollten Hilfsmaterialien erstellt werden, um schwächere Gruppen bei der Implementierung zu unterstützen.

Literaturverzeichnis

[Bü16] Büeler, Fabian: Optimierung und Simulation der schnellsten Runde eines Rennwagens. Kantonsschule Ausserschwyz, Maturaarbeit 2016.

[DARPA] DARPA Grand Challenge, http://archive.darpa.mil/grandchallenge/, 2.4.2018.

[End] TORCS Endurance World Championship 2017, http://www.berniw.org/trb/events/event_view.php?vieweventid=24, 8.4.2018.

[FUB] Freie Universität Berlin: ProInformatik Sommerkurse, https://pro.inf.fu-berlin.de, 2.4.2018.

[GT] Gymnasium Tiergarten, http://www.gymnasium-tiergarten.de, 13.4.2018.

[LCL13] Loiacono, Daniele; Cardamone, Luigi; Lanzi, Pier Luca: Simulated Car Racing Championship Competition Software Manual, 2013, https://arxiv.org/abs/1304.1672, 8.4.2018.

[Mn16] Volodymyr Mnih et al.: Asynchronous Methods for Deep Reinforcement Learning, 2016.

[RC] RoboCup, http://www.robocup.org, 2.4.2018.

[SCR15] Simulated Car Racing Championship 2015, https://cs.adelaide.edu.au/~optlog/SCR2015/, 2.4.2018.

[Wy06] Wymann, Bernhard: TORCS Manual installation and Robot tutorial, 2006, http://www.berniw.org/aboutme/publications/torcs.pdf, 8.4.2018.

[Wy14] Wymann, Bernhard et al.: TORCS. The Open Racing Car Simulator, v1.3.6, 2014, http://torcs.sourceforge.net, 8.4.2018.

[Wy15] Wymann, Bernhard et al.: TORCS, the open racing car simulator, 2015.

[Wy17] Wymann, Bernhard: TORCS version 1.3.8-test1 released, 2017. http://torcs.sourceforge.net/index.php?name=News&file=print&sid=104, 8.4.2018.

[You] Bernhard Wymann: TORCS in Education/Science, YouTube Playlist (27 Videos), 13.4.2018.

Projektarbeit in der Oberstufe im Informatikunterricht - Sprachsteuerung von LEGO Mindstorms durch den Amazon Sprachservice Alexa

Sebastian Becker[1]

Abstract: Mittels Sprachassistenten zur verbalen Steuerung von Robotern kann die *Smart Home* Technologie im Informatikunterricht behandelt werden. Um die Sprachsteuerung zu realisieren wird eine eigene Erweiterung genannt *Skill* für den Smart Speaker *Echo* erstellt. Dieser Beitrag beschreibt einen ersten Konzeptentwurf zur Einbindung des *Amazon* Sprachassistenten *Alexa* und einem *LEGO Mindstorms* Roboter EV3 im Rahmen der Projektarbeit im Informatikunterricht in der Oberstufe.

Keywords: Alexa, Amazon, Sprachassistenten, Sprachsteuerung, Sprachservice, LEGO, Mindstorms, Roboter, Smart Speaker, Smart Speaker, Smart Home, Projektarbeit, Oberstufe, Skills.

1   Einleitung

Die Smart Speaker wie *Amazon Echo* oder *Google Home* bieten die Möglichkeit mit ihren Sprachassistenten wie *Alexa* oder *Google Assistant* beliebige kompatible Geräte anhand der eigenen Stimme zu bedienen. Die Sprachsteuerung der Smart Home Komponenten erlebt durchwachsende Akzeptanz und Anwendungsvielfalt stetigen Einzug in die Haushalte, sowie darüber hinaus in weitere Umgebungen, wie das Beispiel des Autobauers BMW zeigt, der Alexa ab 2018 in alle BMW und MINI Modelle integriert [Br17].

Amazons Smart Speaker namens *Echo* ist ein mit dem WLAN verbundener Lautsprecher inklusive mehrerer Mikrofone. Per Sprachbefehl kann er verschiedene Aktionen durchführen wie z.B. Musik abspielen, die Wettervorhersage bekannt geben oder natürlich auch im Amazon Shop bestellen. Das System ist über *Skills* („Fähigkeiten") erweiterbar, ähnlich wie Apps auf *Android* bzw. *iOS* Geräten. Drittanbieter können so Alexa weitere Skills beibringen. Es wird vorausgesagt, dass durch den Einzug der Smart Speaker die jüngeren SuS[2] eine *Generation Voice* anstatt *Touch* sein werden, oder wie Sascha Lobo sagt: „das nächste Interface für die digitale Welt wird die Stimme"[Lo18].

Das Ziel ist es, in Teams die Möglichkeit zu schaffen, einen LEGO Roboter anhand von Sprache steuern zu können. In diesem Konzeptentwurf geht es darum, solch einen Skill durch die Teams im Unterricht zu produzieren und einzusetzen in Form von Projektarbeit.

---

[1] Georg-August-Universität Göttingen, Fakultät für Biologie und Psychologie, sebastian.becker@uni-goettingen.de

[2] SuS = Schülerinnen und Schüler

2 Didaktische Rahmung: Projektarbeit

2.1 Einteilung in Teams

Anhand der Vielfalt der Themen die von der vorliegenden Projektidee gestreift werden, erscheint es sinnvoll, eine Aufteilung in Teams durchzuführen. Gerade die Themenvielfalt ist es auch, die schon ein gewisses informatisches Grundverständnis erfordert. Daher wäre ein Einsatz eher in der Klasse 12 und 13 sinnvoll. Im Curriculum zum Informatikunterricht in Niedersachsen ist auf dieser Stufe viel Projektarbeit vorgesehen. Vor diesem Hintergrund ist die Idee der Projektarbeit durch folgende Einteilung der SuS in sechs Teams angedacht:

1. Team 1 hat die Aufgabe einen Webserver aufzusetzen. Als Vorwissen zur Funktion der Client-Server-Architektur könnte z. B. der Einsatz der Simulationssoftware *Filius* gedient haben. Das Team steigt in die PHP Programmierung ein, um in der *Amazon Web Service* (AWS) Infrastruktur einen eigenen Server einzubinden.

2. Team 2 setzt sich mit dem AWS auseinander für die Skill-Programmierung. Dafür wird JavaScript benutzt, da anhand des node.js Frameworks die Sprachsteuerung programmiert wird. Hierfür ist ein *Amazon Developer* Zugang notwendig, der vom Lehrer gestellt werden muss, da es kostenpflichtige Optionen beinhaltet.

3. Team 3 hat die Aufgabe den LEGO Roboter zusammenzubauen und für den Einsatz die Steuerungslogik vorzubereiten. Heutzutage ist der LEGO Mindstorms Roboter schon häufig im Informatikunterricht anzutreffen, wie z.B. NXT im Zusammenhang mit der Scratch bzw. Snap-Programmierung oder die neuere Version EV3 mit *Open Roberta* oder Java bzw. C Programmierung.

4. Team 4 wendet sich dem Thema Datenschutz und *Big Data* zu. Die SuS stellen die Problematik der Smart Speaker in Bezug auf ihr „Wanzen" Potential bzw. Kontrolltätigkeit seitens des dahinterliegenden Unternehmens vor. Die ständige Anbindung an das Internet und somit den „direkten Draht" zum Anbieter, der die Möglichkeit der Datenspeicherung und späteren Datenanalyse hat, birgt das Risiko diesem als „gläserner Konsument" immer vollumfänglicher ausgesetzt zu sein.

5. Team 5 könnte die Grundlagen zur Spracherkennung erklären und dies in Verbindung zu formalen Sprachen bzw. der Automatentheorie aufarbeiten. Welche Logik steckt hinter der Funktion Spracherkennung und diese in Befehle zur Gerätesteuerung umzuwandeln?

6. Team 6 könnte den wirtschaftlichen Bezug herausarbeiten. Was könnte es in Zukunft für Anwendungen geben für diese Technologie? Wie sehen die Risiken für die Szenarien aus? Innerhalb dieser Ausführung könnten auch die Aussagen von Trend- und Zukunftsforscher herangezogen werden wie M. Horx und G. Dueck.

2.2 Ziel der Projektarbeit

Das Ziel der Projektarbeit ist, einen LEGO Roboter durch Spracheingabe der SuS an den Sprachassistenten Alexa zu steuern. Falls es die zur Verfügung gestellte Zeit oder die Ressourcen nicht erlauben, könnte bei Bedarf auch ein reduziertes Ziel vereinbart werden um eine Alternative zu bieten. In dem Fall könnte auch nur die Skill-Entwicklung im Fokus liegen ohne eine weitere Robotersteuerung, was die Teameinteilung vereinfacht. Um einen Überblick zur Inspiration zu erhalten, bietet sich ein Besuch des *Amazon* Skill-Shops an [Am18a].

Für diesen Fall sind einfache Spracheingaben und passende Reaktionen darauf vorstellbar, wie z.B. die Ausgabe von buchstabierten Wörtern im Sprachunterricht oder Angabe des Essensplans für die Schulkantine. Auf diese Weise bieten sich zahlreiche weitere Funktionen je nach Anwendungsgebiet ohne weiterführenden Smart Home Charakter an.

An dieser Stelle kann auch generell davon ausgegangen werden, dass die Funktionsvielfalt der Skills immer weiter ausgebaut wird, da viel in dem Bereich investiert wird und Amazon zukünftig damit rechnet, dass in der Bildungsbranche ein großer Marktanteil durch Programme eingenommen wird, die anhand künstlicher Intelligenz unterstützt werden [Fe17].

3 Vorgehen in der Programmierung

Für die Umsetzung der LEGO-Roboter-Sprachsteuerung werden verschiedene Komponenten benötigt. Dabei ist es für die Nutzung der *Amazon Web Service* Infrastruktur unabdingbar, dass eine solide Einarbeitung seitens der Lehrkraft vorab zu erfolgen hat. Um sich die Kenntnisse zu verschaffen, gibt es vielseitige Lern-Ressourcen wie [Co18] und [Am18b]. Es sind verschiedene Accounts je nach eingesetzten Komponenten nötig wie z.B. ein Amazon Developer Account für das Alexa Skills Kit (ASK).

Die Anschaffung eines Smart Speakers von *Amazon* bietet sich an, ist jedoch nicht unbedingt notwendig, da auch eine Simulation im Browser mit Zugriff auf das eingebaute Mikrofon im Laptop bzw. PC genutzt werden kann [Ec18].

Weitere Informationen zu der Software-Architektur werden ausführlich in dem Vortrag auf der Tagung in Münster behandelt. Deshalb sei hier nur noch auf die zugrundeliegenden Quellen der Idee dahinter hingewiesen. Der Grundgedanke zu dem Konzept in diesem Beitrag basiert ursprünglich auf den Ideen wie beschrieben in [El15], [Dr16], [Ka17] und [Ra17].

Literaturverzeichnis

[Am18a]   Amazon   Alexa   Skills,   https://www.amazon.de/b?ie=UTF8&node=10068460031,
          Stand: 23.3.2018

[Am18b]   Amazon   Tutorial,   https://developer.amazon.com/de/alexa-skills-kit/alexa-skill-quick-
          start-tutorial, Stand: 22.03.2018

[Br17]   Jörn   Brien,   T3N,   https://t3n.de/news/alexa-inside-bmw-integriert-861957/,   Stand:
          22.03.2018

[Co18]   Codecademy,   https://www.codecademy.com/courses/learn-alexa-skills-
          kit/lessons/intro-to-alexa/, Stand: 22.03.2018

[Dr16]   Jim   Drewes,   http://blog.jimdrewes.com/controlling-a-mindstorms-ev3-with-amazon-
          echo/, Stand: 23.03.2018

[E18]   Echo Simulator, https://echosim.io, Stand: 22.03.2018

[El15]   Laurent   Ellerbach,   https://blogs.msdn.microsoft.com/laurelle/2015/12/24/how-to-
          connect-lego-mindstorms-nxt-ev3-to-azure-iot-hub-using-node-js/, Stand: 22.03.2018

[Fe17]   Chris   Fellingham   in   Medium,   https://medium.com/human-learning/alexa-amazons-
          trojan-horse-as-an-education-platform-8e284d7e3ca0, Stand: 22.03.2018

[Ka17]   Vadim   und   Boris   Kantor,   https://jaxenter.de/alexa-skills-entwickeln-64751,   Stand:
          22.03.2018

[Lo18]   Sascha   Lobo,   SPON,   http://www.spiegel.de/netzwelt/gadgets/sprachsteuerung-im-
          alltag-ohne-geht-es-nicht-mehr-kolumne-a-1187056.html, Stand: 22.03.2018

[Ra17]   Manuel   Rauber   und   Christian   Weyer,   https://manuel-rauber.com/2017/05/30/alexa-
          start-lego-robot-connecting-amazon-alexa-to-lego-mindstorms-ev3/, Stand: 22.03.2018

Spielerische Lernarrangements zur Medienerziehung

Michael Weigend[1], Fenja Göcking, Alexander Knuth, Patrick Pais Pereira,
Laura Schmidt

Abstract: Vorgestellt wird ein Parcours von Stationen mit kleinen Lernarrangements zur Medienerziehung, der von einem Pädagogik-Leistungskurs entwickelt, durchgeführt und ausgewertet wurde. Der Parcours wird von Schüler/innen der sechsten Jahrgangsstufe in Vierergruppen absolviert. Die Aktivitäten finden weitgehend auf dem Schulhof statt, fordern Kreativität, informatisches Denken (Computational Thinking) und Kooperationsfähigkeit heraus. Den inhaltlichen Rahmen liefert der NRW-Medienpass.

Keywords: Medienkompetenz, informatisches Denken, Spiel, Erlebnispädagogik

1 Einleitung

Medien sind allgegenwärtig und Medienerziehung hat in klassischen Schulfächern eine Tradition. Offensichtlich beschäftigt man sich im Deutschunterricht mit Texten und im Kunstunterricht mit Produktion und Interpretation von visuellen Medien. In naturwissenschaftlichen Fächern werden digitale Modelle und Simulationen eingesetzt. Informatisch wird es immer dann, wenn Digitaltechnik nicht nur als "bloßes Werkzeug" zur Rezeption und Produktion von Medien zum Einsatz kommt, sondern auch reflektiert wird. Dieser Beitrag stellt einen "Medienparcours" vor, der von einem Pädagogik-Kurs für Schüler/innen des sechsten Jahrgangs entwickelt worden ist. In kleinen Aufgaben, die man (bei gutem Wetter) auf dem Schulhof durchführen kann, begegnen Sechstklässler Facetten des "Computational Thinking". Inhaltlich orientiert sich die Gestaltung der Challenges an den Kompetenzen des NRW-Medienpass und in methodischer Hinsicht fließen Elemente der Erlebnispädagogik ein. Der Workshop wurde durch eine Befragung der Teilnehmer/innen evaluiert.

2 NRW Medienpass und digitale Kompetenzen

Das Ziel des Medienpasses NRW ist es Jugendlichen und Kindern sicheren und kreativen und vor allem verantwortungsvollen Umgang mit Medien näher zu bringen. Neben den Medienkompetenzen, soll auch erste informatische Grundbildung vermittelt werden. Der Medienpass gliedert sich in sechs Kompetenzbereiche und wird für vier Altersstufen angeboten. Die Kompetenzbereiche sind „Bedienen und Anwenden", „Informieren und recherchieren", „Kommunizieren und Kooperieren", „Produzieren und Präsentieren", " Analysieren und Reflektieren" und – als Umsetzung des KMK-Beschlusses zur

---

[1] Holzkamp-Gesamtschule Witten, Willy Brandt Str. 2, 58452 Witten, mw@creative-informatics.de

Digitalisierung der Schule vom 8.12.2016 – „Problemlösen und Modellieren". Der „Medienparcours", der im Schuljahr 2017/18 vom Pädagogik Leistungskurs der Holzkamp-Gesamtschule entwickelt worden ist, wendet sich an Schülerinnen und Schüler der Jahrgangsstufen 5 und 6 und konzentriert sich auf den Bereich „Kommunizieren und Kooperieren". Dazu gehören u.a.

- Nutzung digitaler Werkzeuge zur Kommunikation,

- Regeln für digitale Kommunikation und Kooperation kennen und einhalten,

- Reflektieren von ethische Grundsätzen und kulturellen sowie gesellschaftlichen Normen bei der Kommunikation und Kooperation mit digitalen Medien,

- Gesellschaftliche, persönliche und wirtschaftliche Risiken und Auswirkungen von Cybergewalt- und Kriminalität erkennen, sowie der richtige Umgang mit diesen,

3   Lernstationen zur Medienerziehung

Im Winter 2017/2018 nahmen zwei sechste Klassen der Wittener Holzkamp Gesamtschule am „Medienparcours" teil. Der Medienparcours gliedert sich in acht Lernstationen im Schulgebäude und auf dem Schulhof, die von Schüler/innen des Pädagogik LK betreut wurden. Im Verlauf einer Doppelstunde gingen die Sechstklässler in Vierergruppen durch den Parcours, lösten Aufgaben und erhielten Punkte von den Stationsbetreuern. Begleitet wurden die Teams jeweils von einem LK-Schüler, der als Gruppenleiter fungierte. Am Ende wurden die Punkte zusammengezählt und auf das Gewinnerteam wartete ein Preis.

Die Station, „Was nun?" zielt auf Förderung des korrekten Verständnisses und Erschließung des Inhaltes einer Nachricht und Sensibilisierung für einen respektvollen Umgang miteinander. Das Team erhält Karten mit WhatsApp-Nachrichten mit unterschiedlichen – z.T. problematischen – Intentionen des Senders (Beleidigung einer Mitschülerin, Aufforderung einen Kettenbrief an Freunde weiterzuleiten, wichtige Information des Klassenlehrers). Die Schüler müssen jeweils die Intention des Senders erkennen und einen plausiblen Vorschlag machen, wie man sich am besten verhält, wenn man eine solche Nachricht bekommt.

Bei dem Lernarrangement „Wie reagiere ich richtig?" stellen zwei Schüler/innen mit Hilfe von Rollenkarten einen Fall von Cybermobbing in einer WhatsApp-Gruppe dar. Die beiden anderen sind Zuschauer, müssen die Rollen erkennen und einen sinnvollen Vorschlag machen, wie man reagieren sollte, wenn man einen solchen Dialog beobachtet.

Die Lernstation „Stille Post" ist inspiriert von dem allbekannten gleichnamigen Spiel und soll Mechanismen verdeutlichen, wie falsche Informationen im Internet entstehen und sich verbreiten. Die Mitglieder des Teams ziehen Karten, die mit Nummern versehen sind. Die Karte der ersten Person zeigt eine Szene auf einem Spielplatz. Den Kindern auf dem Bild sind Namen zugeordnet. Man sieht „Anna" und „Lisa" auf einem Spielgerät. Die

Person soll die Szenerie Person 2 erzählen und nicht vergessen, die Namen zu erwähnen. Die Rollenkarte von Person 2 enthält den Hinweis „Anna hat dir früher einmal weh getan und du magst sie nicht. Wenn du Geschichten über Anna erzählst, lässt du sie meistens schlecht aussehen.", Person 3 verwechselt häufig Namen und Person 4 übertreibt gerne. Die letzte Person der Kommunikationskette sagt ihren Text laut. Man erkennt die Verfälschung der Geschichte und die Spieler müssen aus einer Auswahlliste mit möglichen Verfälschungsmechanismen den einen herausfinden, der hier nicht zutrifft.

Bei der Station „Wer ist es?" müssen drei Schüler/innen des Teams eine Mobbing-Situation als Standbild darstellen. Die vierte Person soll dann die Rollen erkennen. Damit soll das Empathievermögen der Schüler gefördert werden.

An der Station „Das Navi" soll ein Schüler, dem eine Decke über den Kopf gelegt und dadurch die Sicht genommen ist, durch einen Mitschüler geführt werden. Kommunizieren ist nur über das Schreiben von Handynachrichten erlaubt. Es soll eine festgelegte Strecke absolviert werden, die nur der sehende Partner kennt. Sein Auftrag ist, durch digitale Richtungsanweisungen, seinen „blinden" Teamkollegen sicher ans Ziel zu geleiten.

Ganz ähnlich ist das Arrangement „Das Labyrinth". Einem Teammitglied werden die Augen verbunden. Er oder sie muss seinen Weg durch ein Labyrinth finden, wobei ein Mitschüler durch das Antippen der linken oder rechten Schulter die Bewegungsrichtung angibt.

Die Station „Das Werbungsquiz", stellte die jungen Absolventen vor die Aufgabe, Bilder als Werbung zu erkennen.

Beim Lernarrangement „Datenübertragung durch Körpersprache" wird eine bitweise Datenübertragung von Handy zu Handy simuliert. Drei dieser Lernarrangements werden später noch näher erläutert.

4   Pädagogischer Hintergrund des Designs

Das Design aller genannten Stationen orientiert sich inhaltlich an Kompetenzen des NRW-Medienpass. Ziel ist der Verbesserung der Medienkompetenz im Bereich. In diesem Abschnitt werden methodische Aspekte erläutert.

4.1   Herausforderung von Fantasie und Kreativität

Dadurch, dass den Schülern lediglich das Konstrukt der Aufgabenstellung geliefert, aber die Umsetzung frei überlassen wurde, wies die Absolvierung der einzelnen Stationen gruppenindividuelle Unterschiede auf. Besonders bei Aktivitäten wie der Erschaffung eines Standbildes oder der Aufführung eines kleinen Theaterstückes wurde die Fantasie der Kinder angeregt.

4.2 Erlebnispädagogik

Die Lernstationen haben den Charakter von erlebnispädagogischen Lernarrarrangements [HM12]. Der Parcours wurde für die Ausführung im Freien konzipiert, an vielen Stationen (z.B. „Navi" und „Datenkommunikation") spielte Bewegung eine Rolle. Alle Aktivitäten wurden in Viergruppen durchgeführt und erforderten Kooperation.

4.3 Spiel

Der französische Philosoph Roger Caillois beschreibt Spiel als freiwillige Aktivität, die durch Wettkampf (agôn), Zufall (alea), Rausch (illinx) und Maskierung (mimicry) gekennzeichnet ist [Ca58]. Inwiefern haben nach diesem Modell die Lernstationen "spielerischen Charakter"? Zunächst einmal wurde der "Medienparcours" als gruppenübergreifender Wettkampf gestaltet. Die Teams kämpfen um Punkte, die sie bei guter Leistung an den einzelnen Stationen erhalten. Bei den Stationen, in denen die Kinder körperlich aktiv werden, kam es zu der emotionalen Aufregung, die Caillois als illinx beschreibt. Aktivitäten, die das Einnehmen einer anderen Rolle fordern (z.B. „Navi" oder „Stille Post") betonen die Facette der Maskierung im Sinne von Caillois. Zufallselemente, die eine gewisse Spannung durch Ungewissheit erzeugen, gab es z.B. da wo Karten gezogen wurden um Aufgaben zu verteilen.

4.4 Computer Science Unplugged

Das Buch "Computer Science Unplugged" [BWF15] hat zahlreiche Pädagogen inspiriert, Lernaktivitäten ohne Computer zu Ideen der Informatik zu entwickeln (z.B. [FW10], [Ga06], [We17]). Der "Medienparcours" greift die Grundidee auf, unterscheidet sich aber in einigen Punkten vom klassischen "Unplugged"-Konzept.

- Es wird immer in irgendeiner Form Kreativität herausgefordert. Auf reine Denksportaufgaben wird verzichtet.

- Der "Medienparcours" ist nicht wirklich "unplugged", denn es werden z.B. Handys verwendet.

- Die Übungen von CS Unplugged sind explizit auf Techniken der Informatik bezogen: Datenkompression, Binärzahlen, Fehlertoleranz usw. Die Stationen des "Medienparcours" sind primär auf Medien bezogen und oft erst "auf den zweiten Blick" mit informatischem Denken verbunden. Auf diesen Punkt geht der folgende Abschnitt ein.

5 Lernstationen auf den zweiten Blick: Informatische Konzepte hinter medienbezogenen Aktivitäten

In diesem Abschnitt werden exemplarisch drei der Lernstationen darauf hin beleuchtet, welchen Beitrag sie zur Entwicklung von informatischem Denken leisten können. Es geht hier vor allem um das Potenzial dieser Aufgaben. Ein empirischer Beweis für ihre Effizienz kann in dieser Studie nicht geliefert werden. Dieser Abschnitt verwendet den Begriff „informatisches Denken" im Sinne des internationalen Begriffs Computational Thinking, der 2016 von J. Wing popularisiert wurde [Wi06]. [SW13] unterteilen das Computational Thinking in fünf gedankliche Prozesse: Abstraktion, algorithmisches Denken, Zerlegung, Generalisierung und Evaluation.

5.1 Werbung erkennen – algorithmisches Denken

An der Wand hängen sechs Fotos. Außerdem gibt es drei Karten mit Produktbegriffen: Limonade (Erfrischungsgetränk), Schokolade und Auto. Zu jedem dieser Begriffe findet sich unter den sechs Fotos eines, das einer Werbeanzeige im Internet entstammt und eins, das zwar das Produkt zeigt aber nichts mit Werbung zu tun hat. Ein Mitglied des Teams zieht eine Karte mit einem Produkt. Die Herausforderung ist nun, das Foto zu finden, das aus einer Werbeanzeige für dieses Produkt stammt. Nun gibt es verschiedene Strategien, das Reklamefoto zu finden:

- Man prüft, ob das Produkt auf dem Foto abgebildet ist.

- Man untersucht das Bild auf digitale Nachbearbeitung. In einem der gezeigten Bilder war z.B. zu erkennen, dass ein Schriftzug entfernt wurde. Solche Stellen kann man z.B. erkennen indem man gleichfarbige Bereiche und harte Farbübergänge aufspürt.

- Man sucht auf dem Dokument nach Abbildungen des Produktes und prüft seine Einmaligkeit. Wenn z.B. auf einem Foto mehrere *unterschiedliche* Limonadenmarken zu sehen sind, ist unwahrscheinlich, dass es sich um eine Reklame handelt.

- Man beurteilt, inwieweit das Bild Emotionen anspricht und für Werbezwecke geeignet ist.

Bei der Diskussion, wie man Produktwerbung erkennen kann, werden algorithmische Ideen entwickelt, aber auch Grenzen von Algorithmen erkannt. Zum Beispiel wird die Entscheidung wie aufregend oder langweilig ein Bild ist, eher „intuitiv" und nicht algorithmisch auf der Basis von Regeln getroffen. Tatsächlich verwenden moderne Systeme zum Erkennen von Werbung, die auf Computer Vision basieren (Perceptual Ad Highlighter), Verfahren der künstlichen Intelligenz [Hw17].

5.2   Datenübertragung - Evaluation von Algorithmen

- Jedes Team hört zuerst eine kleine Geschichte: Tom will von seinem Handy eine WhatsApp-Nachricht zu Tina schicken. Die Buchstaben des Textes werden (irgendwie) durch Nullen und Einsen (Bits) dargestellt und über mehrere Zwischenstationen vom Sender zum Empfänger gesendet. Dieser Vorgang soll nun auf dem Schulhof nachgespielt werden. Die Übertragung geschieht über mindestens 100 Meter an einer Ecke des Schulgebäudes, so dass Sender und Empfänger sich nicht sehen können.

- Die Personen dürfen nicht sprechen, sondern stellen die Bits durch Körperhaltungen dar. Das Team hat drei Minuten Zeit, sich ein Übertragungsverfahren auszudenken und auszuprobieren. Dann wird es ernst, der Sender erhält einen Zettel mit einer Bitfolge, die Uhr wird gestartet und die Zeit für die Übertragung der Bits gemessen.

Die Schüler müssen folgende Probleme lösen, die mit Effizienz zu tun haben:

- Nullen und Einsen müssen pantomimisch so dargestellt werden, dass man sie aus der Entfernung gut erkennen kann.

- Bei Folgen gleicher Bits muss man erkennen können, wann die Übertragung eines Bits abgeschlossen ist und die Übertragung des nächsten Bits beginnt. Einige Teams wählten relativ aufwändige Folgen von Bewegungen, bei denen der ganze Körper eingesetzt wurde ("Disco Moves"). Da war das Ende der Übertragung eines einzelnen Bits natürlich gut zu erkennen, aber natürlich ist dieses Verfahren zeitintensiv.

- Die Geschwindigkeit der Datenübertragung muss so eingestellt sein, dass jede "Zwischenstation" genügend Zeit hat das gesendete Bit zu erkennen und es an die Nachfolge-Station weiterzugeben. Meist wurde das so geregelt, dass ein Schüler seinen Nachfolger beobachtete und darauf achtete, dass sie oder er wieder "einsatzbereit" war für die Übertragung des nächsten Bits.

Natürlich reichte bei dieser Übung die Zeit nicht, um zur Beschleunigung der Datenübertragung spezielle Techniken wie Datenkompression zu entwickeln. Aber die Schüler/innen wurden in eine Situation versetzt, in der sie Algorithmen hinsichtlich ihrer Effektivität und Effizienz beurteilen mussten.

5.3   Navigation unter der Decke - Abstraktion und formale Sprachen

Jedes Team bestimmt einen "Navigator" und einen "Runner". Der Runner legt sich eine Decke über den Kopf, die an seinem Bauch befestigt wird, damit die Sicht eingeschränkt wird. Zusätzlich bekommt er ein Handy. Der Navigator (beraten vom Rest des Teams) führt den Runner mit Hilfe von WhatsApp-Textnachrichten (Kommandos) durch einen

Parcours. Eine andere Form der Kommunikation ist nicht erlaubt und der Runner hat keine Möglichkeit Rückfragen zu stellen.

Während der Übung stößt das Team u.a. auf folgende Aspekte der Navigationsaufgabe:

- Die Kommandos des Navigators müssen eindeutig sein und vom Runner verstanden werden.

- Das Formulieren eines Kommandos sollte nicht zu viel Zeit in Anspruch nehmen. Die Nachricht muss also kurz sein.

- Es ist von Vorteil, wenn nur wenige Kommandos verschickt werden. Denn das erspart Zeit beim Lesen und Interpretieren der Kommandos.

- Der Navigator beobachtet den Runner und kann erkennen ob sein letztes Kommando verstanden worden ist und korrekt ausgeführt wird. Gegebenenfalls kann er oder sie nachbessern.

- Es ist von Vorteil, wenn es einen begrenzten Satz von Kommandos gibt, die dann aber komplett verstanden werden.

Bei der praktischen Durchführung der Aktivität hatte kein einziges Team vor dem Start Kommandos vereinbart. Die Texte der WhatsApp-Botschaften waren semantisch elementar ("rechts", "links", "geradeaus", "stop"), aber dennoch (vor allem bei den Jungen) ausgeschmückt - manchmal auch mit freundschaftlich gemeinten Beleidigungen. Es wurden häufig Verständigungsprobleme beobachtet. Zum Beispiel war beim Kommando "Gehe nach rechts!" nicht klar, wie weit der Runner nach rechts sollte. Manche Runner waren vorsichtig, hatten wenig Vertrauen zum Navigator, wagten immer nur einen Schritt und warteten dann auf das nächste Kommando. Es gab auch Navigatoren, die ihren Runner absichtlich gegen eine Wand laufen ließen.

Die Übung lieferte den Teilnehmern eine Gelegenheit zum Erkennen der Vorteile einer formalen Sprache mit exakt definierter Semantik. Eine andere Übung dieser Art wurde von Studierenden an der TU Wien entwickelt[2]. Zwei Spieler sitzen Rücken an Rücken und können sich nicht sehen. Beide haben vor sich auf dem Tisch exakt die gleiche Auswahl von großen Bausteinen. Person A baut eine Figur. Anschließend muss Person B die Figur nach mündlichen Anweisungen von A nachbauen. Person B hat nur drei Möglichkeiten ein Feedback zu geben:

- "Ok" ("Ich bin bereit für die nächste Anweisung")

- "Die letzte Anweisung noch einmal"

- "Noch einmal ganz von vorne!"

[2]Mündliche Mitteilung von Gerald Futschek am 19. März 2018.

Die Übung "Das Navi", verfolgt die gleiche Idee, ist aber wesentlich einfacher (also auch für jüngere Schüler geeignet), mit Bewegung verbunden und kann auf dem Schulhof an der frischen Luft durchgeführt werden.

6 Evaluation des Medienparcours

Am Ende der Doppelstunde erhielten die Kinder einen Fragebogen zur Bewertung allgemeiner Aspekte und der einzelnen Stationen des Medienparcours.

Die Daten von insgesamt 38 Personen (20 Jungen und 18 Mädchen, Durchschnittsalter 11,4 Jahre) konnten ausgewertet werden. Den Kindern hat der Parcours gut gefallen. Im Durchschnitt wurde die Schulnote 1,9 vergeben. Der Wettkampfcharakter des Parcours, der Kampf um Punkte, wurde von den Teilnehmern als wichtig eingeschätzt. Auf einer Schulnoten-Skala von 1 („super wichtig") bis 6 („total unwichtig") wurde im Schnitt die Note 2,4 vergeben. Dabei gab es kaum Unterschiede zwischen Mädchen (2,6) und Jungen (2,2).

Station	Hat Spaß gemacht	Nicht gefallen	einfach	schwierig	wichtig
Was nun? (1)	16% (6)	29% (11)	24% (9)	11% (4)	42% (16)
Wie reagiere ich richtig? (2)	13% (5)	24% (9)	34% (13)	13% (5)	50% (19)
Stille Post (3)	26% (10)	37% (14)	16% (6)	42% (16)	24% (9)
Wer ist es? (4)	26% (10)	21% (8)	42% (16)	13% (5)	11% (4)
Das Navi (5)	66% (25)	8% (3)	11% (4)	34% (13)	24% (9)
Das Labyrinth (6)	55% (21)	0% (0)	18% (7)	24% (9)	13% (5)
Werbungsquiz (7)	18% (7)	42% (16)	45% (17)	26% (10)	8% (3)
Datenübertragung (8)	61% (23)	13% (5)	34% (13)	8% (3)	24% (9)

Tab. 1: Evaluation der acht Stationen

Tabelle 1 zeigt die Ergebnisse der Bewertung der einzelnen Stationen. Die Schülerinnen sollten zu den folgenden Kategorien jeweils maximal drei Stationen auswählen:

- Übungen, die am meisten Spaß gemacht haben.

- Übungen, die am wenigsten gefallen haben.

- Die einfachsten Übungen.

- Die schwierigsten Übungen.

- Übungen, die besonders wichtige Themen ansprechen.

Die Kinder empfanden besonders die Übungen amüsant, die mit Eigenaktivität und Bewegung verbunden waren. Bei den Stationen „Das Navi" (66%) und „Das Labyrinth" (55%) musste eine Person – durch einen Mitschüler „ferngesteuert" – einen Weg durchlaufen. Bei „Datenübertragung" (61%) wurde digitale Datenübertragung durch Körperbewegungen nachgestellt. Im Kontrast dazu standen Stationen, die eher einen Quiz- oder Prüfungscharakter aufwiesen und den Kindern wenig Möglichkeiten zur freien Handlung oder Interpretation boten. Bei der Übung „Was nun?" sollten die Kinder bei verschiedene Textnachrichten die Intentionen des Senders herausfinden und den Kategorien „Kettenbrief", „Cybermobbing" oder „informierende Nachricht" zuordnen. Nur 16% der Kinder zählten diese Übung zu den dreien, die am meisten Spaß machten, und 29% zählten sie zu den Übungen, die ihnen am wenigsten gefallen hat. Im „Werbungsquiz" sollten die Kinder Fotos aus Werbeanzeigen von Fotos aus informativen Webseiten unterscheiden (Spaß: 18%, nicht gefallen: 42 %). Natürlich ist zu beachten, dass die Bewertung der Station nicht allein von der Aufgabenidee, sondern auch von anderen Faktoren abhängen kann.

Als besonders einfach empfanden die Teilnehmer das „Werbungsquiz" (45%), aber 26% fanden es auch besonders schwierig. Weitere einfache Übungen sind „Wer ist es?" (Interpretation eines Standbildes und Rollen erkennen, 42 %), „Datenübertragung" (34%) und „Wie reagiere ich richtig?" (34%). Als besonders schwierig empfanden die Kinder die Übungen „Stille Post" (Verfälschung von Nachrichten, 42%).

Als besonders wichtig sahen die Kinder das Thema Cybermobbing, das in den ersten beiden Stationen angesprochen wurden („Wie reagiere ich richtig?" 50%, „Was nun?" 42%). Nur 8% hielten das Erkennen von Reklamefotos im „Werbungsquiz" für besonders wichtig. Die Stationen „Stille Post" und „Datenübertragung", bei denen es um die Aufklärung von Hintergründen ging, wurden nur von jeweils 24% der Kinder als besonders wichtig eingestuft.

7 Pädagogische Einbettung – Medien und Informatik

Zu Beginn jeder Übung wurde die Verbindung zur Technik und zu den Kompetenzen des Medienpass hergestellt, wenn sie nicht schon offensichtlich war: Kommerzielle Werbung zu erkennen ist eine wichtige Medienkompetenz. Wenn man Nachrichten verschickt, werden Daten übertragen usw. Doch damit das tiefer liegende informatische Denken den Schülerinnen und Schülern bewusst gemacht wird, bedarf es der Expertise einer Informatik-Lehrperson. Nun waren die Tutoren der Kleingruppen Pädagogik-Schüler/innen und keine Informatik-Experten. Deshalb fehlte dieser Diskurs im Medienparcours überwiegend. Dennoch: Erfahrung ist immer gut. Erlebnisse bleiben im

Gedächtnis haften und beeinflussen das Denken auch dann, wenn sie nicht unmittelbar in akademischen Lernstoff eingebunden sind.

8   Literatur

[BWF15] Bell T. ,Witten, I. H., Fellow, M.: CS Unplugged, Computer Science Without a Computer, https://classic.csunplugged.org/books/ 2015.

[BRF01] Boroditsky, L.; Ramscar, M.; Frank, M. C.: The Roles of Body and Mind in Abstract Thought. In: Psychological science, 13(2), S. 185 – 189, 2001.

[Ca58]   Caillois, R. (1958): Les jeux et les hommes. Paris 1958.

[FW10]   Futschek, G, Moschitz, J.: Developing algorithmic thinking by inventing and playing algorithms. Proceedings of the Constructionism 2010.

[Ga06]   Gallenbacher, J.: Abenteuer Informatik. IT zum Anfassen. Spektrum Akademischer Verlag 2006.

[HM12]   Heckmair, B., & Michl, W.: Erleben und lernen. 7.Auflage, 2012.

[Hw17]   Hwang, Y. (2017): The Best Adblocker – Using Artificial Intelligence to Perfectly Block Ads. In: IT for All, 18. April 2017. URL: https://www.iotforall.com/best-adblocker-artificial-intelligence-to-perfectly-block-ads/, 2017

[FW10]   Futschek, G, Moschitz, J.: Developing algorithmic thinking by inventing and playing algorithms. Proceedings of the Constructionism 2010.

[SW13]   Selby, C., & Woollard, J.: Computational thinking: the developing definition. https://eprints.soton.ac.uk/356481/1/Selby_Woollard_bg_soton_eprints.pdf, 2013.

[We17]   Weigend, Michael. "Smartwalk: computer science on the schoolyard." IFIP World Conference on Computers in Education. Springer, Cham, 2017.

[Wi06]   Wing, J. M.: Computational Thinking. Communications of the ACM, Bd. 49, Nr. 3, S. 33–35, 2006.

Informatik im Medienkompetenzrahmen NRW

Den neuen Kompetenzbereich „Problemlösen und Modellieren" inner- und außerhalb der Schule vermitteln

Nadine Bergner[1]

Abstract: Ausgehend von der Motivation für mehr digitale Bildung, als Verknüpfung von informatischer und medienpädagogischer Bildung, entstanden Vorgaben und Empfehlungen für die Vermittlung digitaler Kompetenzen an alle Schülerinnen und Schüler. Hierbei hat in NRW der Medienkompetenzrahmen eine ganz besondere Stellung. Dieser wurde 2017 um den neuen Kompetenzbereich „Problemlösen und Modellieren" erweitert, dessen Ziel insbesondere auch die Vermittlung informatischer Grundlagen darstellt. Die Analyse dieses neuen Kompetenzbereichs eröffnet zahlreiche Anknüpfungspunkte zur Informatik, welche in diesem Beitrag näher beleuchtet werden. Damit diese Kompetenzen in der Praxis auch an Kinder (hier im Fokus die Klassenstufen drei bis sechs) vermittelt werden können, bedarf es Lehr-Lern-Materialien, mit denen auch informatisch wenig versierte (Grundschul-)Lehrkräfte die angestrebten Kompetenzen vermitteln können. Eben solche Materialien werden in diesem Beitrag hinsichtlich der angestrebten Kompetenzen analysiert.

Keywords: Informatikkompetenzen, Medienkompetenzen, Medienkompetenzrahmen, Medienpass, Primarstufe, Sekundarstufe I, Informationstechnische Grundbildung

1 Motivation

Die Forderungen nach mehr Informatik, mehr Medienbildung, mehr digitalen Kompetenzen in der Schule werden immer lauter. Dieser Wunsch wird bereits seit Jahren von verschiedenen Gruppen formuliert (siehe [Hi94], [Fa00], [HG06], [Ge08] und [bi13]) aber auch Schülerinnen, Schüler, Eltern und Lehrkräfte fordern immer stärker digitale Bildung in der Schule (siehe [Hu10] und [ne15]). Auch die politischen Stimmen werden immer lauter (siehe [Kr15], [Sü15] und [Bo16]). Allen Beteiligten ist bewusst, dass in unserer heutigen und zukünftigen digitalisierten Gesellschaft Kompetenzen in diesem Bereich für das Arbeits- wie auch das Privatleben unabdingbar sind. Somit stellt sich nun die Frage, wie diese digitalen Kompetenzen, unabhängig der zahlreichen Herausforderungen (u. a. schlechte technische Ausstattung der Schulen und unzureichende Vorbildung der (Grundschul-)Lehrkräfte), stärker im Regelunterricht aller Schulformen und -stufen vermittelt werden können.

---

[1] RWTH Aachen, Lehr- und Forschungsgebiet Informatik 9, Schülerlabor Informatik InfoSphere, Ahornstr. 55, 52074 Aachen, bergner@informatik.rwth-aachen.de

2 Digitale Bildung als Verknüpfung von informatischen und medienpädagogischen Kompetenzen

Bevor im Weiteren detaillierter auf Vorschläge, Vorgaben und konkrete Ideen der Vermittlung digitaler Kompetenzen eingegangen wird, dient dieses Kapitel der Definition des Schlagwortes „digitale Kompetenzen" für diesen Beitrag.

Entscheidend ist an dieser Stelle, dass digitale Kompetenzen mehr umfassen als die medienpädagogischen Aspekte; auch informatische Grundlagen sind mit dem Begriff eingeschlossen. So wird für diesen Beitrag die Sichtweise der Dagstuhl-Erklärung „Bildung in der digitalen vernetzten Welt" [Br16] zu Grunde gelegt und damit die digitale Bildung als eine Kombination von medienpädagogischen wie informatischen Grundlagen verstanden. Diese Kompetenzen sollten alle Kinder und Jugendlichen zu einem gewissen Maße beherrschen, um verantwortungsvoll, selbstbestimmt und reflektiert in unserer heutigen und zukünftigen digitalisierten Welt mitzuentscheiden und diese aktiv mitzugestalten. Ein konkretes Beispiel dieser Verknüpfung stellt das Thema Datenschutz im Internet dar. So sollen die Schülerinnen und Schüler darüber aufgeklärt werden, wieso es wichtig ist persönliche Daten im Internet zu schützen (medienpädagogische Sicht), aber ebenso erlernen, dass ihre Daten keineswegs nur von Menschen vor Computern ausspioniert werden können, sondern Algorithmen Maschinen dazu befähigen vollkommen automatisiert Profile in sozialen Netzwerken nach sensiblen Angaben zu durchsuchen und diese beispielsweise für personalisierte Werbung zu nutzen (informatische Perspektive).

3 Vorgaben und Empfehlungen zur Vermittlung von digitalen Kompetenzen

Einen wichtigen Schritt zur Formulierung von allgemeinbildenden, digitalen Kompetenzen ist die Kultusministerkonferenz im Dezember 2016 mit der Strategie „Bildung in der digitalen Welt" gegangen [Bo16]. Dieses Papier stellt den Ausgangspunkt für die Neufassung des Medienkompetenzrahmens NRW dar, welcher ein bewährtes Instrument zur systematischen Vermittlung von Medienkompetenz darstellt. Dieser wurde 2017 überarbeitet und stellt einen verbindlichen Orientierungsrahmen zur (Weiter-)Entwicklung der schulischen Medienkonzepte dar, die alle Schulen in NRW bis spätestens 2021 erstellen sollen [LV18].

Der neue Medienkompetenzrahmen NRW umfasst sechs Kompetenzbereiche mit insgesamt 24 Teilkompetenzen, welche Kinder und Jugendlichen aller Schulformen und -stufen entsprechend des jeweiligen Niveaus erreichen sollen. Ziel dessen ist es, Kinder und Jugendliche zu einem sicheren, kreativen und verantwortungsvollen Umgang mit Medien zu befähigen und ihnen darüber hinaus eine informatische Grundbildung zu vermitteln. Die Erweiterung auf Informatikaspekte ist vor allem am neuen, sechsten Kompetenzbereich „Problemlösen und Modellieren" zu erkennen. [LV18]

Diese nun geforderten Kompetenzen werfen nicht nur, aber insbesondere bei Grundschullehrkräften viele Fragen auf. Dazu zählen fachliche Fragen, wie „Was ist ein Algorithmus? Was versteht man unter Modellieren?" aber auch didaktische Fragen „Wieso sollen meine Schülerinnen und Schüler dies erlernen?" und die häufig bedeutendste Frage „Wie kann ich die gewünschten Kompetenzen meinen Schülerinnen und Schülern zielgruppengerecht und kompetenzorientiert vermitteln?".

Bevor im weiteren konkrete Lehr-Lern-Materialien für den neuen Kompetenzbereich „Problemlösen und Modellieren" analysiert und reflektiert werden, werden die anzustrebenden Kompetenzen detailliert beleuchtet, auf die Perspektive der Informatikdidaktik fokussiert und erweitert.

4 Fachliche Analyse des neuen Kompetenzbereichs „Problemlösen und Modellieren"

Ziel des zusätzlichen Kompetenzbereichs „Problemlösen und Modellieren" ist es die informatischen Grundlagen, Prinzipien und Zusammenhänge hinter den Medien zu beleuchten. So werden neben Problemlösestrategien auch explizit Grundfertigkeiten im Programmieren eingefordert. Weiter sollen die Einflüsse von Algorithmen und die Auswirkungen der Automatisierung auf unser Leben reflektiert werden.

Der sechste Kompetenzbereich „Problemlösen und Modellieren" umfasst vier Teilkompetenzen (TK):

- Prinzipien der digitalen Welt (TK 6.1),

- Algorithmen erkennen (TK 6.2),

- Modellieren und Programmieren (TK 6.3) und

- Bedeutung von Algorithmen (TK 6.4).

Im Folgenden werden informatisch wünschenswerte Kompetenzen formuliert, die u. a. mit den analysierten Lehr-Lern-Materialien konkret vermittelt werden können.

4.1 Prinzipien der digitalen Welt (TK 6.1)

Die Kinder und Jugendlichen sollen grundlegende Prinzipien und Funktionsweisen der digitalen Welt identifizieren, kennen, verstehen und reflektieren. Zu den grundlegenden Kompetenzen aus informatikdidaktischer Sicht zählen unter anderem:

- Darstellung, Speicherung und Übertragung von Daten beschreiben (u. a. Texte, Bilder, Videos),

- das Internet als Netzwerk zur Datenübertragung erkennen und bewusst nutzen (u. a. Aufbau von IP-Adressen),

- Mechanismen zur Verschlüsselung von Daten und zum Schutz sensibler Daten verstehen, begründen und anwenden sowie

- Grundprinzipien der Automatisierung von Prozessen kennen (insb. auch im Alltag erkennen, z. B. Ampelsteuerung).

4.2 Algorithmen erkennen (TK 6.2)

Die Kinder und Jugendlichen sollen algorithmische Muster und Strukturen in verschiedenen Kontexten erkennen, nachvollziehen und reflektieren. Mit der Brille der Fachdidaktik Informatik sind dazu folgende Kompetenzen zu fokussieren:

- Algorithmen in Alltagssituationen identifizieren und nachvollziehen (Schulweg je nach Wetter mit dem Fahrrad oder dem Bus, personalisierte Werbung) sowie

- Alltagsalgorithmen strukturiert beschreiben (als Geschichte oder Diagramm).

Weitere Kompetenzen rund um den vergleich und die Entwicklung eigener Algorithmen sind in der folgenden Teilkompetenz enthalten.

4.3 Modellieren und Programmieren (TK 6.3)

Die Lernenden sollen Probleme formalisieren, Problemlösestrategien entwickeln und eine strukturierte, algorithmische Sequenz planen. Weiter sollen sie diese Sequenzen durch Programmieren umsetzen und die gefundenen Lösungsstrategien beurteilen.

Insbesondere bei dieser Teilkompetenz zeigen sich starke Übereinstimmungen mit den Rahmenvorgaben für Informatikunterricht. Die Kompetenzen des Modellierens und Programmieren sind Bestandteil der Empfehlungen für Bildungsstandards der Gesellschaft für Informatik für die Sekundarstufen I und II ([Ge08] und [Ge16]) und auch Teil des Kernlehrplans NRW [Mi14]. Notwendige anzustrebende Kompetenzen aus informatikdidaktischer Sicht sind dabei:

- Algorithmen vergleichen, Ideen zur Optimierung formulieren und reflektieren, Verbesserungspotential benennen (z. B. Zeitersparnis),

- eigene Algorithmen entwickeln (z. B. zur Steuerung eines Roboters),

- computerausführbare Programme planen, entwickeln und formalisiert beschreiben (u. a. Erkenntnis, dass Computerbefehle eindeutig sein müssen),

- Problemlösestrategien (Algorithmen) entwickeln, vergleichen und beurteilen (z. B. bei der Steuerung eines Roboters durch ein Labyrinth),

- ausführbare Programme in altersgerechten Programmierumgebungen erstellen (z. B. Programmieren mit Scratch oder ScratchJr),

- erkennen, dass jede Software von (Gruppen von) Menschen entwickelt wird,

- Programmierung als kreativen, gestaltenden Prozess wahrnehmen sowie

- Relevanz der Teamarbeit für größere Softwareprojekte erkennen und wertschätzen.

Die ersten beiden Punkte erweitern die vorherige Teilkompetenz des Erkennens von Algorithmen. Insbesondere die Kompetenz des Entwickelns eigener Algorithmen geht über die Teilkompetenzen im Medienkompetenzrahmen NRW hinaus, ist jedoch für einen gestaltenden, kreativen Umgang mit digitalen Artefakten entscheidend.

Die drei zuletzt genannten Aspekte gehen über die Ziele der TK 6.3 insofern hinaus, als dass damit auf einer Metaebene Erkenntnisse über die Herkunft und den Entstehungsprozess von Programmen erlangt werden sollen. Damit soll unterstützt werden, dass Kinder und Jugendliche ein realistisches Bild von Softwareentwicklung erhalten und nicht das mögliche Vorurteil des „einsamen Hackers" bestätigt wird.

4.4   Bedeutung von Algorithmen (TK 6.4)

Die Lernenden sollen die Auswirkungen von Algorithmen und Automatisierung beschreiben und reflektieren. Dem wird auch im Inhaltsbereich „Informatik, Mensch und Gesellschaft" der verschiedenen Rahmenvorgaben für den Informatikunterricht Aufmerksamkeit geschenkt. Informatisch interessant sind hierbei z. B. die Aspekte:

- Manipulation von Suchergebnissen in Online-Suchmaschinen durch Algorithmen erkennen und deren Prinzipien beschreiben,

- Verzerrung der Wahrnehmung von Meldungen im Internet (z. B. Filterblasen) analysieren und deren informatische Hintergründe beschreiben sowie

- Veränderungen der Berufswelt durch Industrie 4.0 benennen und reflektieren.

Insgesamt zeigt sich, dass der (neue) sechste Kompetenzbereich zu großen Teilen informatische Kompetenzen umfasst und somit gefordert wird, dass diese Kompetenzen Kindern und Jugendlichen aller Schulformen und -stufen vermittelt werden. Wie diese Vermittlung konkret gestaltet werden könnte, wird in den folgenden Kapiteln dargestellt und analysiert.

5 Konkrete Umsetzungsideen

In Bezug auf die Vermittlung der zahlreichen und für viele (Grundschul-)Lehrkräfte neuartigen Kompetenzen, empfiehlt es sich (so auch die Empfehlung zum Medienkompetenzrahmen), dass schulische und außerschulische Bildungspartner diese Herausforderung gemeinsam annehmen. Die Vorteile dessen stützen sich vor allen Dingen darauf, dass im außerschulischen Bereich bereits einige, qualitativ hochwertige Lehr-Lern-Materialien zur Vermittlung informatischer Grundprinzipien an die junge Zielgruppe der Grundschulkinder bzw. der Schülerinnen und Schüler der Erprobungsstufe (Klasse 5 und 6) konzipiert, ausgestaltet, erprobt und evaluiert wurden. Ein konkretes Beispiel für einen solchen außerschulischen Lernort ist das InfoSphere - Schülerlabor Informatik[2] an der RWTH Aachen, aus dem die im Folgenden analysierten Materialien stammen. Das InfoSphere bietet seit 2010 unter anderem drei- bis vierstündige Module für Kinder der Klassenstufen 3 bis 6 an. Alle Materialien wurden mit Lehramtsstudierenden und Lehrkräften gemeinsam entwickelt und sind mehrfach erprobt und iterativ überarbeitet worden. Insgesamt sind alle Materialien entsprechend der personellen und technischen Ausstattung an den (Grund-)Schulen modifizier- und erweiterbar. So steht dem Einsatz im eigenen Unterricht nichts im Wege.

5.1 Prinzipien der digitalen Welt (TK 6.1) - Modul „Digitale Welt"

Neben den zahlreichen Modulen, welche für den außerschulischen Lernort InfoSphere entwickelt wurden, entstand mit dem Modul *„Digitale Welt"* eines für den Sachunterricht in den Klassenstufen 3 und 4. Das Schüler-, Lehrer- und Fortbildungsmaterial wurde im Rahmen des Kooperationsprojektes „Informatik an Grundschulen"[3] der Hochschulen RWTH Aachen, Uni Paderborn und Uni Wuppertal mit dem Ministerium für Schule und Bildung NRW entwickelt. Damit das Material unabhängig der technischen Ausstattung an allen Schulen in NRW eingesetzt werden kann, werden die Grundprinzipien der digitalen Welt ganz ohne Technikeinsatz vermittelt. In drei Unterrichtseinheiten werden die Themen Datenspeicherung, -übertragung und Fehlererkennung thematisiert. Ziel ist es, dass Grundschullehrkräfte auch ohne informatische Vorbildung in die Thematik einsteigen und die Kompetenzen im eigenen Unterricht vermitteln können.

Dieses Modul vermittelt in erster Linie die Informatikkompetenz:

- Darstellung, Speicherung und Übertragung von Daten beschreiben.

Darüber hinaus erwerben die Kinder folgende Kompetenzen:

- erläutern das Prinzip der Dateneingabe, -verarbeitung und -ausgabe (EVA-Prinzip),

- begründen die Einschränkung auf die Zustände Strom an und Strom aus,

---

[2] http://schuelerlabor.informatik.rwth-aachen.de/
[3] http://schuelerlabor.informatik.rwth-aachen.de/informatik-an-grundschulen

- stellen Dezimalzahlen und Buchstaben in Form von Binärzahlen dar (auch umgekehrte Umwandlung),

- erläutern die Notwendigkeit von Fehlererkennungsmechanismen bei der Datenübertragung und

- wenden ein vorgegebenes Verfahren zur Lokalisierung einer fehlerhaften Stelle an.

Die Materialien des Moduls „Digitale Welt" wurden von erfahrenen Grundschullehrkräften und Fachdidaktikern gemeinsam entwickelt und erprobt. Im letzten Jahr wurden dann Lehrkräfte aus neun Kooperationsschulen in einer eintägigen Fortbildung geschult, um die Materialien eigenständig im Unterricht einzusetzen. Nach der Unterrichtsreihe evaluierten die Lehrkräfte und auch die Grundschulkinder mittels eines schriftlichen Fragebogens die neue Einheit. In der anschließenden Reflexion zeigte sich, dass das Material und das didaktische Vorgehen sehr geeignet sind, um die Kinder für das Thema zu interessieren und ihnen die gewünschten Grundlagen zu vermitteln. Weiteren Überarbeitungsbedarf sehen die Lehrkräfte in der Binnendifferenzierung der Materialien für heterogene Klassen und insbesondere für Kinder mit besonderem Förderbedarf. Die Kinder zeigten große Erfolge bei den konkreten Aufgaben, wie der Umwandlung von Dezimal- in Binärzahlen und umgekehrt, allerdings konnten die meisten Kinder diese noch nicht auf neue Kontexte transferieren. So konnten fast 80% der Kinder das EVA-Prinzip an einem Getränkeautomaten korrekt zuordnen, bei einem Tablet gelang dies jedoch nur einzelnen Kinder.

5.2 Algorithmen erkennen (TK 6.2)

Die Kompetenz Algorithmen zu erkennen, zu beschreiben und eigene Algorithmen zu entwickeln wird in mehreren der sieben Grundschulmodulen des InfoSphere vermittelt.

Im Modul „*Alles Informatik, oder was?!? - Eine Reise durch die geheimnisvolle Welt der Daten und Algorithmen*"[4] finden sich Ideen zur Vermittlung von Such- und Sortieralgorithmen ohne dass ein Informatiksystem (wie ein Computer, Laptop oder Tablet) zum Einsatz kommt. Hierbei spielen die Kinder selbst den Computer und führen vorgegebene und selbst entwickelte Algorithmen aus. Dabei stellen Sortieren und Suchen Tätigkeiten dar, die Kinder auch im Alltag selbstständig umsetzen (Sortieren von Büchern in einem Regal oder Karten beim Kartenspielen, Suchen eines bestimmten Kuscheltiers). Entscheidend für den Kompetenzzuwachs im Sinne der TK 6.2 ist dabei das strukturierte und systematische Vorgehen.

Im Modul „*Zoo-Spaziergang oder Tier-Wettrennen selbst programmieren mit ScratchJr*"[5] entwickeln die Kinder selbstständig Algorithmen, indem sie interaktive Geschichten mit der App ScratchJr am Tablet umsetzen. Dabei zeigt sich gleichzeitig, wie kreativ das Erfinden eigener Algorithmen ist, wenn zum Beispiel ein Affe, ein

---

[4] http://schuelerlabor.informatik.rwth-aachen.de/module/alles-informatik
[5] http://schuelerlabor.informatik.rwth-aachen.de/module/scratchjr

Eisbär und ein Elefant um die Wette laufen sollen. Die Kinder erlernen dabei algorithmische Strukturen wie Schleifen und Variablen.

Der Fokus liegt dabei auf den Kompetenzen:

- unterschiedliche Algorithmen vergleichen, Ideen zur Optimierung von Algorithmen formulieren und reflektieren, mögliches Verbesserungspotential benennen und

- eigene Algorithmen entwickeln.

Der Vergleich der Module mit und ohne Technikeinsatz zeigt zum einen keinen merklichen Motivationsunterscheid bei den Teilnehmerinnen und Teilnehmern. Allerdings ist zum Erreichen der informatischen Kompetenzen entscheidend, dass bei den Modulen ohne Technikeinsatz der Bezug zum Informatiksystem durch die betreuenden Personen erläutert werden muss. Sonst steht am Ende der Module die Frage im Raum, was denn beispielsweise der Algorithmus zum Sortieren von Gewichten mittels einer Balkenwage mit Informatik (bzw. mit Informatiksystemen) zu tun hat. Die Kinder müssen erkennen, dass Algorithmen von Informatiksystemen ausführbar sind und damit auf viel größeren Datenmengen ausgeführt werden können, als die händischen Beispiele dies hergeben.

5.3 Modellieren und Programmieren (TK 6.3)

Die Relevanz der konkreten Umsetzung von (vorgegeben oder selbst entwickelten) Algorithmen auf einem Informatiksystem verdeutlicht die dritte Teilkompetenz. Wenn das modellieren auch noch mittels Stift und Papier umsetzbar ist, lässt das Programmieren durch die konkrete Umsetzung mit einem Informatiksystem erwarten. Ein Beispiel für die Umsetzung dessen ist das Modul *„Quiz-Buzzer, Herzen und leuchtende Häuser- Programmieren mit dem Calliope mini"*[6]. Hier kommt neben einem Computer oder Laptop sogar noch zusätzliche Hardware ins Spiel: der Calliope mini. Dadurch erkennen die Kinder ganz spielerisch den Bezug der Programmierung zu Alltagsgegenständen. Sie können selbst eine Leuchtschrift programmieren und erwerben dadurch Kompetenzen im Umgang mit programmierbaren Geräten. Gleichzeitig wird der Mythos des „magischen" Werkzeugs Computer (oder auch Tablet, Smartphone) entkräftet, indem die Kinder (im kleinen Rahmen) erfahren, dass auch sie selbst solche Systeme gestalten, sprich modellieren und programmieren, können.

Vermittelte Kompetenzen aus dem Medienkompetenzrahmen NRW sind dabei:

- computerausführbare Programme planen, entwickeln und formalisiert beschreiben (u. a. Erkenntnis, dass Computerbefehle eindeutig sein müssen),

---

[6] http://schuelerlabor.informatik.rwth-aachen.de/module/calliope

- ausführbare Programme in altersgerechten Programmierumgebungen erstellen (hier mittels des grafischen PXT-Editors),

- Programmierung als kreativen, gestaltenden Prozess wahrnehmen und beschreiben.

Dank der kindgerechten Hard- und Software gelingt es in diesem Modul den Kindern große Freiheiten in der eigenen Entwicklung und Erprobung von Algorithmen zu ermöglichen. Da dieses Modul erst seit wenigen Monaten im InfoSphere angeboten wird, wurde dieses bisher nur mündlich evaluiert.

5.4   Bedeutung von Algorithmen (TK 6.4)

Spannend hinsichtlich der Bedeutung von Algorithmen und Automatisierung für unsere Welt ist der Themenbereich Robotik bzw. automatisierte Kommunikation. Einen Aspekt dessen behandelt das Modul „Chatbot programmieren"[7], welches für Kinder ab Klassenstufe 5 im InfoSphere angeboten wird. Dabei diskutieren die Kinder, wie Chatbots die Online-Kommunikation beeinflussen, wo diese sinnvoll, aber auch irreführend eingesetzt werden können. Gleichzeitig tauschen sie sich über ihre persönlichen Visionen zu einem Leben mit intelligenten Robotern aus. Im Verlauf des Moduls erstellen die Kinder gemeinsam (arbeitsteilig) einen eigenen Chatbot. Sie erlernen, wie die Regeln strukturiert sein müssen, damit die Maschine auf beliebige, menschliche Eingaben antworten kann. So wird der eigene Chatbot immer „intelligenter", wobei auch die Grenzen (z. B. bei einer Unterhaltung über ein komplett fremdes Thema) diskutiert und Lösungsvorschläge formuliert werden. Auch findet abschließend eine Übertragung auf die automatisiere Erstellung von Einträgen in Foren u. ä. statt.

Aus den oben genannten Kompetenzen beschäftigt sich dieses Modul hauptsächlich mit dem Aspekt:

- Verzerrung der Wahrnehmung von Meldungen im Internet (z. B. Filterblasen) analysieren und deren informatische Hintergründe beschreiben sowie

6   Fazit

Die Erweiterung des Medienkompetenzrahmens NRW um den neuen, sechsten Kompetenzbereich „Problemlösen und Modellieren" fordert stärker auch die Vermittlung von informatischen Kompetenzen, was viele (Grundschul-)Lehrkräfte vor große Herausforderungen stellt. Insbesondere durch die Kooperation von schulischen und außerschulischen Bildungspartnern kann diese Herausforderung gut gemeistert werden. Insbesondere an außerschulischen Lernorten, wie dem InfoSphere - Schülerlabor Informatik der RWTH Aachen, wurden bereits umfassende Lehr-Lern-

---

[7] http://schuelerlabor.informatik.rwth-aachen.de/module/chatbot

Materialien entwickelt und erprobt, mit denen die im des geforderten Kompetenzen vermittelt werden können.

Literaturverzeichnis

[bi13]   bildungsklick: Forscher fordern Informatik als Pflichtfach - bildungsklick.de. Auch hessische Schulen sollten das Fach ab Sekundarstufe I einführen. http://bildungsklick.de/a/88493/forscher-fordern-informatik-als-pflichtfach/, 06.09.2013.

[Bo16]   Bogedan, C.: Bildung in der digitalen Welt. https://www.kmk.org/aktuelles/thema-2016-bildung-in-der-digitalen-welt.html, 23.02.2016.

[Br16]   Brinda, T.; Diethelm, I.; Gemulla, R.; Schöning, J.   Brinda, T. et al.: Dagstuhl-Erklärung: Bildung in der digitalen vernetzten Welt, 2016.

[Fa00]   Fachausschuss 7.3 "Informatische Bildung in Schulen" der Gesellschaft für Informatik: Empfehlungen für ein Gesamtkonzept zur informatischen Bildung an allgemeinbildenden Schulen, 2000.

[Ge08]   Grundsätze und Standards für die Informatik in der Schule. Bildungsstandards Informatik für die Sekundarstufe I, 2008.

[Ge16]   Gesellschaft für Informatik e.V. (GI): Bildungsstandards Informatik für die Sekundarstufe II. Empfehlungen der Gesellschaft für Informatik e. V. erarbeitet vom Arbeitskreis »Bildungsstandards SII«. In LOG IN, 2016, 36.

[HG06]   Herzig, B.; Grafe, S.: Digitale Medien in der Schule. Standortbestimmung und Handlungsempfehlungen für die Zukunft. Studie, Bonn, 2006.

[Hi94]   Hischer, H.: GDM-Stellungnahme zu "Informatik als Pflichtfach". http://madipedia.de/images/b/b6/1994neu.pdf, 08.06.2013.

[Hu10]   Huth, N.: Studie „Bildung 2.0 -Digitale Medien in Schulen", 2010.

[Kr15]   Kraft, H.: Regierungserklärung der Ministerpräsidentin des Landes Nordrhein-Westfalen. Menschen verbinden - MegaBits. MegaHerz. MegaStark. vor dem Landtag Nordrhein-Westfalen, 2015.

[LV18]   LVR Zentrum für Medien und Bildung: Medienkompetenzrahmen NRW. https://www.medienpass.nrw.de, 02.04.2018.

[Mi14]   Ministerium für Schule und Weiterbildung des Landes Nordrhein-Westfalen: Kernlehrplan für die Sekundarstufe II Gymnasium / Gesamtschule in Nordrhein-Westfalen Informatik. KLP SII Informatik, 2014.

[ne15]   news4teachers.de: Informatik statt Französisch – soll Programmieren Pflicht in der Schule werden? | News4teachers. http://www.news4teachers.de/2015/01/informatik-statt-franzoesisch-soll-programmieren-pflicht-in-der-schule-werden/, 23.02.2016.

[Sü15]   Süddeutsche.de GmbH: SPD will Informatik als Pflichtfach in der Schule. In Süddeutsche.de, 2015.

Textsorten im Informatikunterricht – Ideen einer Kategorisierung zwischen Medium und Lerngegenstand

Daniel Siebrecht[1]

Abstract: In sprachlichen Fächern ist der lerngegenständliche Fokus auf Texte selbstverständlicher Bestandteil der Unterrichtspraxis. Im Fach Informatik werden Texte – wie in anderen Fächern auch – zur Sachinformation, zur Kontextualisierung oder in Aufgaben verwendet. Dabei handelt es sich um »reinen Fließtext«, d.h. insbesondere sind *diagrammatische* und *rein formale* Darstellungsweisen ausgeschlossen. Mit dieser Definition lassen sich weitere Textsorten im Informatikunterricht identifizieren: metatextuelle Strukturen wie Dokumentationen (API-Beschreibung, Klassenbeschreibungen) oder Protokolle, virtuelle Strukturen in Form von Hypertext-Dokumenten und schließlich die sehr zentrale Textsorte »Quelltext« bzw. »Quellcode«. Erste Ideen zu solch einer Kategorisierung von Textsorten im Informatikunterricht werden diskursiv von informatischer, textlinguistischer sowie medialer Perspektive her erörtert.

Keywords: Informatikunterricht; Darstellung; Textsorten; Quelltext

1 Darstellungsformen als Ausprägung von Sprache im Informatikunterricht

Sprache gilt in der Informatikdidaktik schon lange als grundlegend für die Informatik – ebenso wie Algorithmen und strukturierte Zerlegung [SS11, S. 74]. Für unterrichtliche Kontexte manifestierte Claus schon sehr früh *Sprachen* als ein »Kerngebiet der Informatik [. . .], das als Orientierung für das Schulfach Informatik dienen kann« [Cl95, S. 41]; Informatik ist in der Lage, »mit ihren Darstellungsmitteln Sprache zu beschreiben, ja mehr noch: Sprache zu erzeugen, zu manipulieren und zielgerichtet einzusetzen« [Cl95, S. 44]. Insgesamt handelt es sich bei Sprache sowie formalen Sprachen um ein sehr komplexes Thema. Eine mögliche, zielführende Fokussierung bietet der Bereich »Darstellung«. Die Relevanz von »Darstellung« im Informatikunterricht findet sich etwa in den Empfehlungen zu den Bildungsstandards: »Grundsätzlich sollte am Anfang die Idee der Darstellung stehen, bevor sie eventuell in einem zweiten Schritt mit einem Informatiksystem realisiert wird« [gi, S. 55]. Der Wechsel der Darstellungsformen ist für jedes Schulfach ein »didaktische[r] Schlüssel zum fachlichen Verstehen und [. . .] ein Anlass zur fachlichen Kommunikation« [vgl. Le05, S. 10]; im Informatikunterricht kommt diesem Wechsel darüber hinaus fachimmanente Bedeutsamkeit zu, da es sich bei der Modellierung um ebendiesen Darstellungsformwechsel handelt [vgl.

---
[1] Bergische Universität Wuppertal, Didaktik der Informatik, Gaußstraße, 42097 Wuppertal, Deutschland siebrecht@uni-wuppertal.de

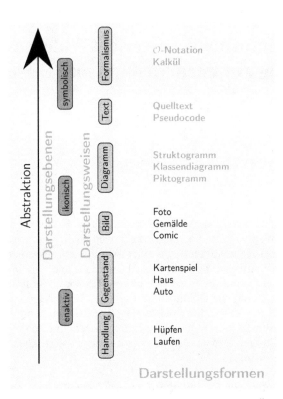

Abb. 1: »Darstellung in informatischen Bildungsprozessen«; graphische Übersicht einer terminologischen Basis in Anlehnung an [Le05] sowie [WH13].

WH13, S. 318]. Der Übergang »Modell → Programm« im Modellierungskreislauf [vgl. Hu06, S. 14] kann als *Übersetzungsprozess* aufgefasst werden und leistet den Wandel einer (vornehmlich) diagrammatischen Darstellungsform in eine textuelle.

In Abb. 1 soll eine mögliche Kategorisierung graphisch aufgeschlossen werden, die die *oberflächliche*, »materielle« Struktur der einzelnen Darstellungsformen[2] betrachtet. Sie dient hier als *terminologische Orientierungshilfe*. Bei den Darstellungsformen handelt es ich jeweils um Beispiele.

Um klare Fachkommunikation sowie syntaktisch, semantisch eindeutige Interpretation durch Automaten zu erreichen, werden in exakten Wissenschaften normierte Formen verwendet. Der didaktische Aufschluss zentraler Konzepte sollte den aus dem Vermittlungsprozess erwachsenen Anforderungen genügen. In allen aktuellen Empfehlungen der Gesellschaft für Informatik für Kompetenzen der informatischen Bildung wird der Prozessbereich »Darstellen und Interpretieren« ausgewiesen. Dabei ist im Sinne der Spiralcurricularität zunächst an eine unterstützende Funktion der Darstellung zu denken, des weiteren werden geeignete Darstellungsformen selbst ausgewählt [vgl. gi, S. 14]. Schließlich sind Kompetenzen aus diesem Prozessbereich grundlegend, damit Lernende das Verständnis von Beziehungen

---

[2] Peirce bezeichnet dies als das sogenannte *Repräsentamen* [vgl. Pe83, S. 64].

informatischer Sachverhalte, anderen zugänglich machen können. Auffällig ist die synonyme Verwendung der Begriffe »Darstellung«, »Darstellungsform«, »graphische Notationsform«, »Veranschaulichung« oder auch »Visualisierung«. Dies vernachlässigt jedoch die in [Br74] ausgearbeitete Differenzierung enaktiver, ikonischer und symbolischer Darstellungsebenen. Die Betrachtung der Informatik aus semiotischer Perspektive erweist sich in diesem Zusammenhang als hilfreich [Pe83; An09]. Die Theorien dazu nehmen jedoch *professionelle* System-Gestaltende und *berufsbedingt* System-Nutzende in den Blick und wurden nicht primär mit fachdidaktischer Perspektive auf den Lernprozess entwickelt.

Die fachdidaktische Auseinandersetzung mit typischen Textsorten im Informatikunterricht scheint lohnend, da unter Zuhilfenahme textlinguistischer Ansätze erarbeitet werden kann, welche kongitiven Herausforderungen der Umgang mit den verschiedenartigen, teils informatikspezifischen Textsorten fordert; darauf aufbauend sind Impulse für eine Unterrichtsgestaltung anzustreben, die besondere Eigenschaften von Texten didaktisch angemessen berücksichtigen. Möglicherweise können auch Resultate für den sprachsensiblen Unterricht gewonnen werden, um klarzustellen, welche sprachlichen Anforderungen im Informatikunterricht an die Schülerinnen und Schüler gestellt werden. Schließlich können durch Forschung im Bereich »Textuelle Darstellungsformen im Informatikunterricht« deren Qualitäten konstatiert werden; dadurch könnte auch eine Grundlage für eine qualitative Analyse graphischer Programmiersprachen geschaffen werden, um zu eruieren, ob die jüngere zur älteren Darstellungsweise kongruent bzw. »verlustfrei« ist.

2 Zum Textbegriff

Eine wissenschaftlich fundierte Beschäftigung, die sowohl Struktur als auch Wirkungsweise von Texten aufgreift, wird von der *Textlinguistik* gewährleistet. De Beaugrande und Dressler etablieren sieben Merkmale, die einen Text als Text ausmachen. Ein Text ist eine »kommunikative Okkurrenz«, die sieben konstitutive Kriterien von Textualität erfüllt. Wenn diese Kriterien nicht zutreffen, spricht man von einem »Nicht-Text« [BD81, S. 3]. Bei jenen Merkmalen unterscheiden die beiden Textlinguisten zwischen *text*zentrierten und *verwender*zentrierten Eigenschaften: Erstere Kategorie wird abgedeckt von *Kohäsion*, die auf die Oberflächenstruktur des Textes fixiert ist, und *Kohärenz*, die sich danach richtet, wie Textbestandteile untereinander textweltlichen Zugang und Relevanz erzeugen. Konkret können der Kohärenz beispielsweise Konnektoren, wie Konjunktionen oder Pronomina, oder auch Kongruenzen grammatischer Formen nach Kasus, Numerus und Genus zugeordnet werden; die Kohäsion hingegen zeigt sich beispielsweise in der Oberflächenfolge eines Textes: »Ruhig keine Panik« ist uns verständlich, wohingegen ein Vertauschen der Wortfolge »Panik keine ruhig« zur Undurchsichtigkeit der Textaussage führt.

Um jedoch auch die *Aktivität* der Text-Kommunikation zu berücksichtigen[3], werden vor allem *Intentionalität* als Einstellung des Text*produzenten* und *Akzeptabilität* als Einstellung

---

[3] De Beaugrande und Dressler rekurrieren ihr Verständnis von Sprache auf Malinowski, der Sprache als »mode of action« [Ma69, S. 296] deklariert.

des Text*rezipienten* gefordert; die Textsorte, soziale bzw. kulturelle Kontexte sowie die Wünschbarkeit von Zielen stellen hierbei wesentlich verantwortliche Faktoren dar [BD81, S. 8 f.]. Nicht zuletzt werden Informativität[4], Situationalität[5] und Intertextualität[6] aufgeführt [BD81, S. 10,12 f.].

3 Textsorten

Im Informatikunterricht treten verschiedene Textsorten auf, denen unterschiedliche Bedeutungen zufallen. Fließtexte haben einen eher medialen Charakter inne, da sie beispielsweise einerseits Unterrichtsgegenstände *kontextualisieren* oder Fachtermini *definieren*; andererseits *moderieren* solche Texte etwa in Form von Aufgabenstellungen das Unterrichtsgeschehen. Andere Textsorten – vor allem Quelltexte – sind selbst *Gegenstand* des Unterrichts.

3.1 Fließtext

Für die Mathematikdidaktik identifiziert Prediger drei Rollen von Sprache; nämlich: Lerngegenstand, Lernmedium, Lernvoraussetzungen [Pr13, S. 167]. Ähnliches sollte für den Informatikunterricht gelten können: Sprache tritt im Sinne von Fachsprache als Lerngegenstand im Unterricht auf, welches bereits für die Mathematik gilt; in der Informatik werden durch die Auseinandersetzung mit formalen Sprachen Texte zum Fachgegenstand im Unterricht. Bei Fließtexten handelt es sich aber um Texte, die im Rahmen der unterrichtlichen Kommunikation zur Sachinformation, zur Problematisierung, zur Kontextualisierung oder zur Aufgabenstellung dienen; sie sind damit ein Beispiel für die mediale Funktion von Sprache im Unterricht [vgl. Pr13, S. 168].

Texte zur Sachinformation, die einen informatischen Unterrichtsgegenstand erläutern oder ihn in das Unterrichtsgeschehen einbetten, bedürfen sorgfältiger Textarbeit. Die Schülerinnen und Schüler sollten auch im Informatikunterricht die Kompetenz entwickeln, *methodisch* an Fließtexte herangehen, indem sie diese beispielsweise von der Überschrift ausgehend Fragen an den Text stellen, ihn lesen, ihn in Sinnabschnitte gliedern und anschließend die Abschnitte paraphrasieren. Oftmals bieten sich tagesaktuelle Zeitungsartikel an, um informatisch aufgearbeitet zu werden. Hierbei besteht die Herausforderung für die Lehrkraft das Textkorpus unter Berücksichtigung der zu erwartenden Lesekompetenz der jeweiligen Jahrgangsstufe didaktisch aufzubereiten. Doch auch bei Lehrbuchtexten sollte dieser Aspekt stets hinterfragt werden.

Kontext erzeugende oder problematisierende Texte bieten Anlass zur informatischen Modellierung. Erforderlich wird eine Übersetzung des Fließtextes: Eine Problemstellung

---

[4] Informativität ist das Ausmaß der Erwartbarkeit oder Bekanntheit der dargebotenen Textelemente.
[5] Situationalität umfasst Faktoren, die einen Text für eine Kommunikationssituation relevant machen.
[6] Intertextualität umfasst Faktoren, welche einen Text abhängig von anderen Vorgängertexten macht.

textueller Darstellungsweise – also in Form eines Fließtextes – wird in eine diagrammatische Darstellungsform (beispielsweise in ein Objektdiagramm) überführt. Dabei werden jedoch nicht nur sprachliche, auf die Repräsentation bezogene Schwierigkeiten evident: Es gilt auch die fachliche Hürde zu berücksichtigen, dass die erzeugte Darstellungsform auf ikonischer Ebene schon als erste Stufe einer Problemlösung verstanden werden kann. Die fachsprachlichen Decodierungsanforderungen beim Wechsel von Darstellungsformen sind für Schülerinnen und Schüler keineswegs trivial [vgl. Pr13, S. 171]; dies gilt bereits bei der den Schülerinnen und Schüler aus anderen Unterrichtsfächern vertrauten Form des Fließtextes.

3.2 Metatext

Eine weitere Textsorte im Informatikunterricht ist diejenige, der etwa Dokumentationen von Softwarebibliotheken, Schnittstellenbeschreibungen oder (in der Objektorientierung) Klassenbeschreibungen zuzurechnen sind. Semiotisch betrachtet sind diese Texte als *Indizes* aufzufassen, da sie stets auf Primärtexte verweisen, ja sogar von ihnen unmittelbar *abhängig* sind [vgl. Pe83, S. 65].

Kohäsion	Die Gliederung ist in Absätze strukturiert – beispielsweise nach einzelnen Methoden und Attributen ergänzt um Erklärungen in Fließtextform.
Kohärenz	Die einzelnen Teile nehmen Bezug untereinander und stehen in einem Gesamtzusammenhang – beispielsweise nehmen Methoden gegenseitig Bezug zu einander und gehören alle zu einer bestimmten Klasse.
Intentionalität	Die Autorenschaft liegt bei Schülerinnen und Schüler, Lehrkräften oder auch Software-Firmen, die eine Klasse dokumentieren wollen, um spätere Einsatzszenarien dieser Klasse einfach handhaben zu können.
Akzeptabilität	Die Texte sind zur Selbstnutzung, meistens jedoch im Sinne einer erleichterten Zugänglichkeit an weitere Personen (z. B. Mitschülerinnen und Mitschüler) .
Informativität	Die Texte bieten einen *effizienten* Überblick über ein umfangreicheres Referenzdokument.
Situationalität	Im Unterrichtsgeschehen ist es hilfreich, die Kommunikation über existierende oder geplante Klassen mittels Klassenbeschreibungen zu vereinfachen.
Intertextualität	Die Texte beziehen sich auf einen oder auch mehrere vorausgehende Text – d.h. eine Projekt-Dokumentation umfasst Klassenbeschreibungen, die Bezug zu mehreren Klassen herstellen können, die parallel als Quelltexte vorliegen.

Tab. 1: Betrachtung der Textsorte »Metatext« anhand konstitutiver, textlinguistischer Kriterien – Beispielkontext: Objektorientierung

3.3 Hypertext

Ein Hypertext ist ein Text, »der Sprungmarken enthält, die von anderen Texten angesteuert werden können, oder in dem Verweise zu anderen Texten stehen« [CS06, S. 290]. Diese Textsorte erfährt im Informatikunterricht sowohl die Rolle eines Mediums als auch eines Lerngegenstands. Im Vergleich zu anderen Unterrichtsfächern, in denen Hypertext-Dokumente allein *rezipiert* werden, *modellieren* und *implementieren* die Schülerinnen und Schüler zudem geeignete Strukturen für derartige Dokumente. Der Textcharakter gleicht demjenigen eines Fließtextes ergänzt um die Eigenschaften »Sprungmarken von anderen Texten« und »Verweise auf andere Texte«; dadurch wird zugleich eine nicht-physische »Darreichungsform« nahegelegt, wenngleich nicht *per definitionem* vorgeschrieben. In der (Schul-) Praxis geht es aber vor allem um die Ausprägung, die auf Informatiksystemen gespeichert werden kann.

3.4 Quelltext

In der Informatik wird regelmäßig von Quell*text* gesprochen, wobei (Quell-) Code oder (Quell-) Programm höchst gebräuchliche Synonyme sind. Der Informatik-Duden führt für »Quell*text*« kein eigenes Lemma, sondern listet ihn unter »Quellprogramm« auf [vgl. CS06, S. 533]. Damit gelangt man zum Terminus »Programm«, welches als »Formulierung eines Algorithmus und der zugehörigen Datenbereiche sowie Darstellung von Prozessen und Objekten in einer Programmiersprache« [CS06, S. 504] definiert wird. Noch deutlicher drückt es Herzig aus: »[M]it Hilfe formaler (Programmier-) Sprachen wird der Algorithmus in einem endlichen Text codiert« [He01].

Kohäsion	Der Text als Wort einer formalen Sprache mit symbolischem Alphabet.
Intentionalität	Die Autorenschaft liegt bei der Programmiererin oder dem Programmierer, der seinen Text sowohl zur Ausführung auf einem Informatiksystem als auch für einen Mitmenschen gestaltet.
Akzeptabilität	Informatiksysteme akzeptieren oder verwerfen das Wort, also den Text, indem sie ihn linear übersetzen; sie können sich ausschließlich am Merkmal der Kohärenz orientieren. Menschen hingegen nehmen den Text in seiner Ganzheit wahr.
Intertextualität	Dem Quelltext liegen andere Textdokumente zugrunde – beispielsweise kann der Quelltext einer Klasse auf Quelltexte anderer Klassen Bezug nehmen.

Tab. 2: Betrachtung der Textsorte »Quelltext« anhand ausgewählter, konstitutiver, textlinguistischer Kriterien

Interessant scheint vor allem die Betrachtung der verwenderorientierten Textkriterien Intentionalität und Akzeptabilität. Diese Aspekte treten beim Modellierungskreislauf[vgl. Hu06, S. 14] in einem vierstufigen Übersetzungsprozess auf: Zuerst notieren wir eine *verbal* beschriebene Problemstellung als *formalisiertes* Problem (1. Übersetzung); dieses überführen wir dann in ein formales Lösungsmodell, das beispielsweise ein Diagramm sein kann (2. Übersetzung); diese diagrammatische Darstellungsform wird schließlich in die textuelle Darstellungsform »Quelltext« übersetzt (3. Übersetzung). Bis hierhin waren Intentionalität und Akzeptabilität, insofern es sich um Texte gehandelt hat, von Menschen an Menschen gerichtet – z. B. Schülerinnen und Schüler die untereinander über die Beschreibung der Problemstellung oder mögliche Lösungsmodelle diskutieren. Schließlich wird der Quelltext in Maschinensprache übersetzt (4. Übersetzung), wofür er entsprechende syntaktischen und ggf. semantischen Konditionen erfüllen muss; der Mensch, der den Text liest, erfasst diesen hingegen als Ganzes und operiert auf pragmatischer Ebene. Hierin zeigt sich eine *ambivalente Intentionalität* des Quelltextes als maschinen- und menschenlesbarer Text.

Die informatiksystemische Verarbeitung von Quelltexten wurde und wird im Bereich der Fachwissenschaften entwickelt; in informatischen Bildungskontexten stellt diese Verarbeitungsweise einen bedeutsamen Lerngegenstand dar. Die menschliche, kognitive »Verarbeitung« *und* die Produktion von Quelltext unter dem Blickwinkel der aufgezeigten ambivalenten Intentionalität ist ein sperrlich bearbeitetes Forschungsfeld der Informatikdidaktik. Dutke stellt in diesem Zusammenhang aus kognitionspsychologischer Sichtweise folgenden Repräsentationsebenen eines Quelltextes auf:

1. Textoberfläche mit exaktem Wortlaut

2. Textrepräsentation, losgelöst von der spezifischen sprachlichen Kodierung

3. Modellrepräsentation

4. Kommunikationssituation

[vgl. Du12, S. 9 f.]

Diese Einteilung geht nicht nur mit den dargestellten Ansichten der Textlinguistik konform, sondern eröffnet schließlich auch eine informatikdidaktische Perspektive, die eingehender untersucht werden muss.

4 Konsequenzen

Die zwischenmenschliche Kommunikation ist jeher stets von enaktiver, ikonischer sowie symbolischer Interaktion bestimmt; Menschen kommunizieren miteinander, indem sie über alle drei Darstellungsebenen hinweg Zeichenprozesse initiieren können. Beim Austausch zwischen »Maschine–Mensch« und »Mensch–Maschine« hat erst der technische Fortschritt in der Geschichte die Elemente von Ein- und Ausgabe nach und nach auch über andere Ebenen als über die *symbolische* ermöglicht; ursprünglich gab es nur auf dieser Darstellungsebene Interaktionsprozesse; inzwischen ist haptische (also enaktive) Interaktion alltägliche Handlung geworden. Es bleibt die Kommunikation zwischen Informatiksystemen; diese war und ist ausnahmslos auf der *symbolischen* Darstellungsebene anzuordnen; jedwede Interaktion zwischen Menschen und Informatiksystemen wird letztlich auf die symbolische Darstellungsebene zurückgeführt. Ebendiese Erkenntnis im Rahmen informatischer Bildungsprozesse zu fördern, muss ein zentrales Anliegen des Informatikunterrichts sein.

Vorsicht ist geboten bei didaktisch *reduzierten* Systemen, wie visuellen, block-orientierten Programmiersprachen: Sie vernachlässigen den Prozess des Lesens[7] und Modifizierens eines Quelltextes als *rein symbolische* Darstellungsform sowie die Reflexion dieses Prozesses als einen wesentlichen Kern informatischer Bildung. Die Umwandlung eines diagrammatischen Lösungsmodells in »graphischen Code« verhindert einen fachlich bedeutsamen Übersetzungsprozess, der einem Wechsel der Darstellungsform entspricht, da visuelle, block-orientierte Programmiersprachen überwiegend auf der ikonischen Darstellungsebene verbleiben. In diesem Sinne ist für den Einsatz solcher didaktischen »Gestaltungsmittel« zu prüfen, ob sie nicht zu häufig Gefahr laufen, unbewusst zu didaktischen *Reduktionsmitteln* zu werden.

Das gesellschaftlich etablierte Schlagwort »Digitalisierung«[8] meint im *eigentlichen* Sinne den Prozess der »Transformation von ›Zeichen‹ in Bitmuster« [He01]. Dahingehend eröffnet die Auseinandersetzung mit der Textsorte »Quelltext« eine kulturtechnische Dimension, die *ausschließlich* von informatischer Bildung adressiert werden kann, da es sich bei Quelltext um eine *informatikgenuine* Darstellungsform handelt. Dies bedeutet aber, dass dringlichst *flächendeckend* obligatorische Elemente informatischer Bildung im Schulsystem eingerichtet werden müssen.

Literatur

[An09]   Andersen, P. B.: A Theory of Computer Semiotics. Cambridge University Press, United States, 2009.

[BD81]   de Beaugrande, R.-A.; Dressler, W. U.: Einführung in die Textlinguistik. Max Niemeyer Verlag, Tübingen, 1981.

[Br74]   Bruner, J. S.: Entwurf einer Unterrichtstheorie. Pädagogischer Verlag Schwann, Düsseldorf, 1974.

[Cl95]   Claus, V.: Informatik in der Schule als Sprachen-Unterricht. In (Schubert, S., Hrsg.): Innovative Konzepte für die Ausbildung. Informatik aktuell, Springer, Berlin, Heidelberg, S. 40–48, 1995.

[CS06]   Claus, V.; Schwill, A.: Duden Informatik A–Z. Fachlexikon für Studium und Praxis. Bibliographisches Institut, Mannheim, Leipzig, Wien, Zürich, 2006.

[Du12]   Dutke, S.: Wie verstehen Schüler/innen Programmtext? – Kognitionspsychologische Analogien zum Verstehen natürlichsprachlicher Texte. In (Thomas, M.; Weigend, M., Hrsg.): Ideen und Modelle – 5. Münsteraner Workshop zur Schulinformatik. Books on Demand, Norderstedt, S. 9–10, Mai 2012, ISBN: 978-3-8482-0181-5.

---

[7] In [SB10] wird eine mögliche Vorgehensweise im Leseprozess von Quell*texten*, nämlich das Blockmodell, veranschaulicht.

[8] Der Prozess ist vielmehr als »Informatisierung« zu charakterisieren, da dieser Begriff den umfassenden Wandel, der gemeint ist, auch tatsächlich berücksichtigen kann.

[gi]   GI: Grundsätze und Standards für die Informatik in der Schule – Bildungsstan-
            dards Informatik für die Sekundarstufe I, Erarbeitet vom Arbeitskreis »Bildungs-
            standards« – Beschluss des GI-Präsidiums vom 24. Januar 2008 – veröffentlicht als
            Beilage zur LOG IN 28 (2008) Heft 150/151, URL: https://metager.to/8kwli.

[He01]   Herzig, B.: Medienbildung und Informatik – Zur Fundierung einer integrativen
            Medienbildungstheorie. In (Keil-Slawik, R.; Magenheim, J., Hrsg.): Informatik
            und Schule – Informatikunterricht und Medienbildung INFOS 2001 – 9. GI-
            Fachtagung 17.–20. September 2001, Paderborn. GI-Edition – Lecture Notes
            in Informatics – Proceedings P-8, Gesellschaft für Informatik, Köllen Druck +
            Verlag GmbH, Bonn, S. 107–119, Sep. 2001, ISBN: 3-88579-334-2.

[HK13]   Hallet, W.; Königs, F. G., Hrsg.: Handbuch Bilingualer Unterricht. Content and
            annote Integrated Learning, Seelze: Kallmeyer, Friedrich Verlag, Feb. 2013,
            ISBN: 978-3-7800-4902-5.

[Hu06]   Humbert, L.: Didaktik der Informatik – mit praxiserprobtem Unterrichtsmaterial.
            B.G. Teubner Verlag, Wiesbaden, 2006.

[Le05]   Leisen, J.: Wechsel der Darstellungsformen. Ein Unterrichtsprinzip für alle
            Fächer. Der fremdsprachliche Unterricht Englisch 78/, S. 9–11, 2005.

[Ma69]   Malinowski, B.: The problem of meaning in primitive languages. In (Ogden, C. K.;
            Richards, I. A., Hrsg.): The meaning of meaning – A study of the influence of
            language upon thought and of the science of sybolism. 10. Auflage (1. Auflage:
            1923), Routledge & Kegan Paul Ltd, London, 1969.

[Pe83]   Peirce, C. S.: Phänomen und Logik der Zeichen. Suhrkamp, Frankfurt am Main,
            1983.

[Pr13]   Prediger, S.: Darstellungen, Register und mentale Konstruktion von Bedeutun-
            gen und Beziehungen – mathematikspezifische sprachliche Herausforderungen
            identifizieren und bearbeiten. In (Hallet, W.; Königs, F. G., Hrsg.): Handbuch
            Bilingualer Unterricht. Content and annote Integrated Learning. Kallmeyer,
            Friedrich Verlag, Seelze, S. 314–324, 2013, ISBN: 978-3-7800-4902-5.

[SB10]   Schulte, C.; Busjahn, T.: Das Blockmodell als Hilfsmittel zur fachdidaktischen
            Analyse von Quelltexten. In (Thomas, M.; Weigend, M., Hrsg.): Informatik
            und Kultur – 4. Münsteraner Workshop zur Schulinformatik. ZfL – Zentrum
            für Lehrerbildung an der WWU, ZfL-Verlag, Münster, S. 11–20, 2010, ISBN:
            978-3-86877-004-9, Stand: 07. 02. 2015.

[SS11]   Schubert, S.; Schwill, A.: Didaktik der Informatik. Spektrum Akademischer
            Verlag, Heidelberg, 2011.

[WH13]   Weise (né Reinertz), M.; Humbert, L.: 44 Informatik. Auf dem Weg zu bilin-
            gualem Informatikunterricht. In (Hallet, W.; Königs, F. G., Hrsg.): Handbuch
            Bilingualer Unterricht. Content and annote Integrated Learning. Kallmeyer,
            Friedrich Verlag, Seelze, S. 314–324, 2013, ISBN: 978-3-7800-4902-5.

Wer weiß was über mich?

Dataminingverfahren in Unterrichtsprojekten

Barbara Messing[1]

Abstract: Datamining in Unterrichtsprojekten kann an überschaubaren Beispielen zeigen, wie man aus Datenmengen interessante Informationen macht. Aus einer Menge von Warenkörben Aussagen über das Kundenverhalten zu gewinnen, zeigt, dass Sätzen wie „Kunden, die x kauften, kauften auch y" durchschaubare Prinzipien zugrunde liegen. Das Experimentieren mit diesen Methoden macht den Wert großer Datenmengen erfahrbar und kann, eingebettet in eine Unterrichtsreihe, zu einem sensibleren Umgang mit den eigenen Daten führen.

Keywords: Datamining, Assoziationsregeln, bedingte Wahrscheinlichkeiten, Privatsphäre, persönliche Daten, Datenkraken

1 Einleitung

Datensicherheit und Datenschutz haben in den Richtlinien für den Informatikunterricht an berufsbildenden Schulen ihren festen Platz. Die Kenntnis gesetzlicher Vorgaben zum Schutz persönlicher Daten und Sicherheitsvorkehrungen gegen Datenverlust ist die eine Seite. Nahezu ohnmächtig steht man aber gegenüber undurchschaubarer Geschäftsbedingungen großer, marktbeherrschender im Internet agierender Konzerne, denen man mehr oder weniger gezwungenermaßen seine Daten anvertraut. Für die heutigen Schülerinnen und Schüler sind Google, WhatsApp, Facebook und Co Selbstverständlichkeiten. Sie benutzen es – wie die Mehrzahl der Bevölkerung – ohne ein Gespür dafür zu haben, dass sie „nicht Kunde, sondern Produkt" sind, wie es oft heißt. So wird mit Payback-Karten das Käuferverhalten kalkulierbar, über Handys werden Bewegungsdaten sichtbar. Algorithmen zeigen Pfade, die „die anderen" gegangen sind. Je mehr diesen Pfaden folgen, desto ausgetretener werden die Wege. Von harmlos erscheinenden „Vorschlägen" hin zur Manipulation großer Nutzergruppen ist es nur ein kleiner Schritt.

Ziel des Unterrichtsprojekts zum Datamining ist es, erfahrbar zu machen, wie aus unübersichtlichen Datenmengen Zusammenhänge sichtbar werden, die zu wichtigen Erkenntnissen führen können. Sie ermöglichen beispielsweise zielgruppengenaue Werbung und Produktentwicklung.

Zusammenhänge zu erkennen ist aber überall von Nutzen. An welchen Stellen treten gehäuft Verkehrsunfälle auf? Welche Automarken sind unfallträchtiger als andere?

---

[1] Berufskolleg Werther Brücke, Bachstr. 17, 42275 Wuppertal, bmessing@bkwb.de

Welche Fernsehserien sprechen jüngere Zuschauer an? Welche Personen haben für bestimmte Erkrankungen ein erhöhtes Risiko?

Auch mit einfachen Mitteln kann man zeigen, wie nützlich die Anwendung bedingter Wahrscheinlichkeiten in diesen Zusammenhängen ist. Je nach Bildungsgang und Ausbildungsstand kann dies im Unterricht programmiert werden oder es wird ein fertiges Programm vorgestellt und analysiert oder auch nur benutzt. Daten können vorbereitet zur Verfügung gestellt oder auch selbst erhoben werden. Wenn die Datenmenge ausreichend groß ist, werden auch Komplexitätsbetrachtungen interessant, die die Notwendigkeit kluger Algorithmen verdeutlichen.

In diesem Beitrag werden das Verfahren der Assoziationsanalyse und das Umsetzen des Verfahrens in ein Programm vorgestellt und Erfahrungen in entsprechenden Unterrichtsreihen am beruflichen Gymnasium beschrieben und ausgewertet.

2 Assoziationsanalyse

Bei der Assoziationsanalyse werden Zusammenhänge zwischen verschiedenen Beobachtungen in Regeln gefasst. Ein Beispiel ist die Warenkorbanalyse, bei der Kaufverhalten ausgewertet wird.

Die Darstellung folgt [BK14].

2.1 Warenkörbe: Items und Transaktionen

Ein Warenkorb ist eine Spalte in einer Tabelle, in der aufgeführt wird, bei welchem Einkauf (Transaktion) t_i ein Artikel (Item) gekauft wurde.

Beispielsweise enthält die folgende Tabelle acht Items und fünf Transaktionen:

Art.nr.	Bezeichnung	t_1	t_2	t_3	t_4	t_5	Gesamt	Prozent
1	Zahnbürste	•		•	•		3	60
2	Zahnpasta	•	•	•		•	4	80
3	Seife	•		•			2	40
4	Shampoo	•	•	•			3	60
5	Sonnenmilch		•				1	20
6	Bodylotion		•		•	•	3	60
7	Rasiercreme		•	•	•		3	60
8	Rasierklingen		•	•			2	40

Im Korb des ersten Kunden (t_1) liegen Zahnbürste, Zahnpasta, Seife und Shampoo. Im Korb des zweiten Kunden (t_2) liegen Zahnpasta, Shampoo, Sonnenmilch, Bodylotion, Rasiercreme und Rasierklingen. Der fünfte Kunde (t_5) kaufte Zahnpasta und Bodylotion.

60 Prozent der Kunden kauften eine Zahnbürste, 60 Prozent kauften Bodylotion.

2.2   Berechnen von Assoziationsregeln

Wir fragen uns nun: Wie viele Kunden, die eine Zahnbürste gekauft haben, kauften auch Zahnpasta? Die Antwort interessiert uns in Anteilen, also benutzen wir Prozentzahlen. Wenn, sagen wir, diese Prozentzahl über 40 liegt, ist es zweckmäßig, den Zahnbürstenkäufern auch Zahnpasta vorzuschlagen.

Um den Wert zu berechnen, müssen wir wissen

- wie viele Kunden Zahnbürsten gekauft haben und

- wie viele Kunden von denen, die Zahnbürsten gekauft haben, auch Zahnpasta gekauft haben

Wir teilen dann die Werte durcheinander:

$$\frac{Anzahl\ K\ddot{a}ufe\ (Zahnb\ddot{u}rste\ und\ Zahnpasta)}{Anzahl\ K\ddot{a}ufe\ (Zahnb\ddot{u}rste)} \cdot 100 = \frac{2}{3} \cdot 100 = 66,\bar{6}$$

Zwei Drittel der Zahnbürstenkäufer kauften also auch Zahnpasta. Die berechnete Assoziationsregel lautet: „Wenn jemand eine Zahnbürste kauft, dann zu 66,67 Prozent auch eine Zahnpasta", formal

$$Zahnb\ddot{u}rste \rightarrow Zahnpasta\ [0,\bar{6}]$$

Die Zahl im Nenner konnte in der Tabelle direkt abgelesen werden. Für die Zahl im Zähler müssen wir die beiden Zeilen vergleichen: Uns interessieren nur diejenigen Kunden, die beides gekauft haben (dies sind hier zwei).

Art.nr.	Bezeichnung	t_1	t_2	t_3	t_4	t_5	Gesamt	Prozent
1	Zahnbürste	•		•	•		3	60
2	Zahnpasta	•	•	•		•	4	80

Diese Berechnungen sind nicht kompliziert, aber durch die Vielzahl der Kombinationen sind es sehr viele. Will man alle Zusammenhänge zwischen je einem gekauften Artikel errechnen, sind das schon für acht Artikel 8·7=56 Assoziationsregeln der Form i → j für „Jemand, der Produkt i kauft, kauft auch Produkt j". Es müssen stets beide Richtungen berechnet werden. Für „Zahnpasta → Zahnbürste" ergibt sich zum Beispiel nur 50

Prozent: Von den vier Transaktionen, die Zahnpasta enthalten, enthalten zwei auch eine Zahnbürste.

Darüber hinaus erhält man noch genauere Information, wenn man den Zusammenhang zwischen Artikelgruppen erkunden will: Kauft eine Kundin, die Haarshampoo und eine Spülung gekauft hat, auch eine Kur? Kauft jemand, der einen Herd und einen Kochtopf kauft, auch eine Pfanne? Sollte man jemanden, der eine Brille kauft, auch ein Etui und ein Putztuch anbieten?

Desweiteren möchte man Artikelgruppen zusammenfassen, etwa „Zahnpflege", „Körperpflege", „Rasur" usw.

Der Apriori-Algorithmus und der Apriori-Gen-Algorithmus machen diese Berechnungen handhabbar, indem nur „häufige" Mengen betrachtet werden, also bei der Berechnung von vornherein gewisse Itemmengen ausschließen [BK14].

3   Das Programm „Dataminer"

Das Programm „Dataminer" rechnet aus einer Eingabetabelle die Assoziationsregeln aus. Das Programm ist in C# geschrieben. Eingelesen werden .csv-Dateien, die mit Hilfe von Excel erstellt werden (in der oberen Textbox des Screenshots angezeigt). Der hier gezeigte Screenshot wertet Bestellungen in einem auf Fisch und Meeresfrüchten spezialisierten Restaurant aus (untere Textbox). Zum Beispiel bestellten 74 Prozent der Kunden, die das Menü „Tiefsee" orderten, dazu Malzsprudel.

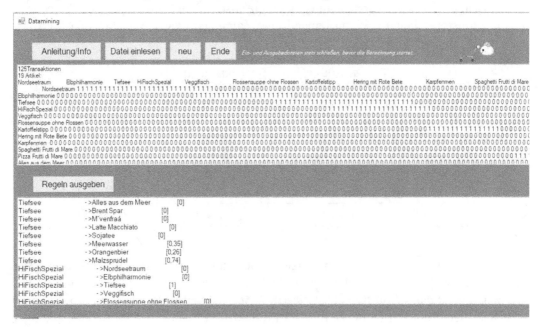

3.1 Der Algorithmus

Das Herzstück des Programms ist eine zweifache FOR-Schleife (für jeden Artikel), bei der für jeden möglichen weiteren Artikel die Warenkörbe verglichen werden.

Für jedes Artikelpaar zählt man die Warenkörbe, die beide Artikel enthalten, und die Warenkörbe, die den ersten Artikel enthalten. Der Quotient gibt die Konfidenz der Regel $a_1 \rightarrow a_2$ an.

```
gesamtergebnis=""; //Text zur Ausgabe der Regeln
for(int i=0; i<Satzliste.Count(); i++)
                    //Alle Artikel werden durchlaufen (Zeilen)
{
      Artikel1=(Satzliste[i])[0];
                    //Artikel i, Feld 0, dies ist die Artikelnr.
      for(int j=0; j<Satzliste.Count; j++)
                    //Alle Artikel werden durchlaufen (Zeilen)
      {
            double y=0;
            double x=0;
            Artikel2=(Satzliste[j])[0];
                if(Satzliste[j][0] != Satzliste[i][0]) //i ≠ j
                {
                    x=0;
                    y=0;
                    for(int k=1; k<Satzliste[i].Length; k++)
                    //Spaltendurchlauf
                    {
                        if(Satzliste[i][k]=="1")
                        {
                            y++; // Artikel 1 zählen
                            if(Satzliste[j][k]=="1"){x++;}
                            /*hier wird gezählt, wie oft
                            darunter auch Artikel 2
                            gekauft wird*/
                        }
                    }
                }
      }
}
//Ausgabe. y: Wie oft Artikel1 gekauft wurde. x: Wie oft beide
gekauft wurden
if(y>0)
{
    conf=Math.Round(x/y,2);
    gesamtergebnis+=Artikel1+";"+Artikel2+";"+conf.ToString()+"\n";
}
```

Dieses Durchzählen lässt sich an Beispielen ohne großen Aufwand nachvollziehen. In etwas fortgeschrittenen Programmierkursen genügt es, diese Hilfe zu geben, damit die Schülerinnen und Schüler das Programm selbst schreiben und individuell ausgestalten können.

3.2 Auswerten großer Datenmengen

Die einfachste Form des Experimentierens besteht darin, Datenmengen vorzugeben. Diese können mit wenig Aufwand aus Excel-Tabellen im Zufallsprinzip hergestellt werden und dann direkt vom Programm ausgewertet werden. Auffälligkeiten können dann mit Hilfe der Excel-Tabelle auch noch genauer analysiert werden.

Ambitionierte Lerngruppen könnten entsprechende Experimente durchaus selbst durchführen, etwa mit Hilfe von Umfragen. Fragestellungen können von den Schülerinnen und Schülern selbst entwickelt werden: Schmeckt das Essen in der Mensa den Jüngeren besser als den Älteren? Machen Leute, die Mathe gut können, besonders gern Physik? Haben Schülerinnen und Schüler, die viele Online-Spiele machen, schlechtere Schulnoten? Beim Erstellen von Umfragen sind bereits datenschutzrechtliche Bestimmungen zu beachten, die im Vorfeld erörtert werden müssen.

Die Diskussion der Ergebnisse schließt auch die Unterscheidung zwischen Korrelation und Kausalität ein. Wer exzessiv am Computer spielt, mag schlechtere Noten haben. Aber worin der Zusammenhang besteht, bleibt offen. Beeinträchtigt das Spielen das Lernvermögen, fehlt die Lernzeit, die mit Spielen verbracht wurde, oder interessieren sich die Spieler einfach weniger für den Unterricht? Mit entsprechend gewählten Beispielen kann man den kritischen Umgang mit den errechneten Assoziationsregeln üben.

4 Erfahrungen in Unterrichtsreihen

Ich habe das Datamining im Rahmen des Themenkomplexes Datenschutz und Datensicherheit des Informatikunterrichts am beruflichen Gymnasium behandelt. Dieser Abschnitt ist der letzte vor den Abschlussprüfungen; die Schülerinnen und Schüler haben bis dahin die objektorientierte Programmierung bis hin zur Datenbankanbindung kennengelernt. Die zu vermittelnden Maßnahmen zum Datenschutz und zur Datensicherheit umfassen beispielsweise den Umgang mit persönlichen Daten in Behörden und am Arbeitsplatz, die Sicherung von Daten mit Hilfe von Backups oder die Sicherheit von Passwörtern. Hier bieten sich Rollenspiele (z. B. das PRISM-Spiel www.lehrerfreund.de/schule/1s/datenschutz-prism-spiel/4407), Podiumsdiskussionen mit verteilten Rollen und Übungsprogramme (etwa das Checken der Sicherheit von Passwörtern) an.

Das oben beschriebene Programm wurde zur Verfügung gestellt und mit vorbereiteten Tabellen benutzt. Aufgabenstellungen waren zum Beispiel, aus der Menge von

Bestellungen in einem Restaurant herauszulesen, welches Getränk besonders gern zu einem bestimmten Essen geordert wird.

Da die bedingten Wahrscheinlichkeiten im Mathematikunterricht bereits behandelt wurden, ließ sich die Funktionsweise des Programms recht leicht vermitteln. Aber im Grunde kommt man auch ohne dieses Vorwissen aus.

Obwohl – oder gerade weil – es nur ein kleines Programm ohne weitere Finessen ist, erzeugte es einen Aha-Effekt. Man kann aus der Datenwüste tatsächlich brauchbare Informationen herauslesen. Aber auch: Darauf muss man ganz schön lange warten, und diesmal liegt es nicht an den Schulrechnern. Berechnet man einmal, welche Fälle alle durchgespielt werden und wie lange man dafür braucht, wird schon klar, dass man es etwas geschickter programmieren sollte. Damit ist das Problem der Komplexität, das im Lehrplan nicht vorkommt, aber natürlich ein Kernthema der Informatik ist, zumindest „angetupft".

5 Zusammenfassung und Ausblick

Der Themenkomplex „Umgang mit unseren Daten" ist unübersichtlich und an der öffentlichen Diskussion ist leicht erkennbar, dass die Entwicklungen noch viele Neuerungen bringen werden. Auf der einen Seite wird Digitalisierung gefordert und versprochen, auf der anderen Seite wird der Datenschutz versucht hochzuhalten; die Überwachung durch Geheimdienste und der Datenhunger von Suchmaschinen sind zwar Gegenstand öffentlicher Diskurse, scheinen aber die Bevölkerung nicht weiter zu beunruhigen. Denn „wir haben keine süßen, toten Robbenbabys", wie der Netzaktivist Markus Beckedahl es ausdrückt [Pö16]; es ist eben ein Charakteristikum von Manipulation und Überwachung, dass man nichts davon bemerkt.

Das hier vorgestellte Programm zum Datamining stellt neben Rollenspielen und Diskussionen eine Möglichkeit dar, erfahrbar zu machen, was man mit großen Datenmengen machen kann, und eine Ahnung davon zu bekommen, was sich unbemerkt abspielt, wenn man im Netz unterwegs ist. An eine Weiterentwicklung zu einem Simulationsprogramm, das zeigt, wie Nutzerprofile generiert werden, ist durchaus gedacht.

Literaturverzeichnis

[BK14]   Beierle, C., G. Kern-Isberner, G.. Methoden wissensbasierter Systeme - Grundlagen, Algorithmen, Anwendungen. Springer Vieweg, 5., überarbeitete und erweiterte Auflage, 2014.

[Pö16]   Pörksen, B.: Alles vergeben, alles egal? http://www.zeit.de/2016/49/ueberwachung-nsa-empoerung-skandale-privatsphaere, Stand: 24.03.2018.

Bildung ökologischen Denkens im Informatikunterricht

Ilona Petrenko[1]

Abstract: Informatik und Ökologie haben auf den ersten Blick zwar keine direkten Zusammenhänge, aber sie können aufeinander stark einwirken. Deswegen scheint es sinnvoll, den Schülerinnen und Schülern Kenntnisse beizubringen, wie man rational mit beiden Bereichen umgehen sollte. Seit einem Jahr beschäftige ich mich mit der Entwicklung von einem neuen Informatikunterrichtskonzept, bei dem man nicht nur Informatik lernt, sondern auch Kenntnisse erwirbt, wie man umweltfreundlich mit IT-Mittel umgehen muss und wie diese zur Verbesserung der Umwelt eingesetzt werden. Im Bericht werden die ersten in dieser Richtung gemachten Schritte beschrieben sowie Überlegungen zum Konzept einer ökologischen Informatik und die Ergebnisse einer Umfrage zum Projekt dargestellt.

Keywords: Informatikunterricht, Schule, Ökologie, Bildung

1   Einleitung

Die hohe Relevanz sowohl von Ökologie als auch von Informationstechnologien (IT) für unsere heutige Welt ist vermutlich unstrittig. Der Zustand der Ökologie beeinflusst im Allgemeinen die Möglichkeit der Menschheit, auf der Erde zu leben. Informationstechnologien sind von der Menschheit entwickelt und haben sich in allen Bereichen des Lebens verbreitet. Weniger offensichtlich sind die Zusammenhänge zwischen Ökologie und IT, sowohl im positiven als auch im negativen Sinne. Als eine negative Folge der Einwirkung von IT auf die Umwelt kann man z. B. den hohen Energieverbrauch nennen oder auch die nicht einfache Wiederverwertung von wertvollen Materialien in der Elektronik [En18]. Es gibt aber auch positive Auswirkungen, wie eine mögliche Reduzierung vom Papierverbrauch mit Hilfe des elektronischen Dokumentenverkehrs, Videotelefonate zur Reduzierung von Reisen usw.

Es ist wichtig, dass man rational mit beiden Bereichen umgehen lernt. Um dieses Ziel zu realisieren sollte auch ein ökologisches Denken der Menschen im Zusammenhang mit IT entwickelt werden. Es scheint sinnvoll, diese Bereiche bereits im Schulunterricht miteinander zu verzahnen, denn je früher man diese Kenntnisse erwirbt, desto besser verinnerlicht man das. Das Hauptziel meiner Forschung ist zu untersuchen, mit welchen Konzepten im Unterricht Zusammenhänge zwischen IT und Ökologie mit den Lernenden thematisiert werden können.

[1] Westfälische Wilhelms-Universität Münster, Didaktik der Informatik, Fliednerstrasse 21, 48149 Münster, ilona.petrenko@uni-muenster.de

2   Unterrichtskonzept

2.1 Informatik, Medien und Ökologie

Die Idee, interdisziplinäre Aspekte in den Informatikunterricht zu bringen ist nicht neu. Es gibt z.B. ein Unterrichtskonzept vom Prof. Jochen Koubek „Informatik im Kontext", das sich auf die Lebenswelt von Schülern konzentriert ([KK07], [Ko09]). Für einen möglichen ähnlichen Beitrag wurden verschiedene Quellen herangezogen, die unseren Projekten passen können. Es wurden Projekte berücksichtigt, die nicht nur mit Informatik in der Schule verbunden sind, sondern auch zur Bildung von ökologischem Denken dienen können sowie Projekte, die mehr ökologische Aspekte haben. Dies war ein erster Schritt, um existierende Erfahrungen in dem Zusammenhang „Schule-Informatik-Ökologie" zu analysieren und aufzuarbeiten. Es hat dazu gedient, dass man einige Basiselemente für die weitergehende Forschung sammelt und neue Wege für die Entwicklung von Informatikunterricht herausfindet. Auf der Grundlage dieser Daten konnte man schon mit der Erstellung eines Modells anfangen, das dazu dienen soll, den Zusammenhang zwischen verschiedenen Bereichen (Informatik, Ökologie, Mediennutzung), existierenden Projekten und zukünftigen Projekten herauszufinden (Abb.1). In den Schnittmengen befinden sich solche Projekte, die zu zwei bzw. drei Bereichen passen.

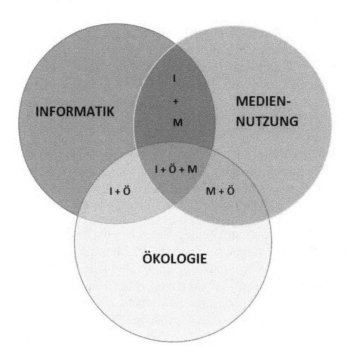

Abb. 1: Modell für Gruppierung der Projekte

Auf diese Weise wurden zunächst drei Projekte ausgewählt, auf denen aufbauend ein eigenes Konzept entwickelt und evaluiert werden soll:

- Informatik im Kontext[2];
- senseBox[3];
- Bildungsprogramm Experimento[4].

Diese Projekte geben erste Anhaltspunkte zu einem Informatikunterricht, der ökologische Aspekte einbezieht.

2.2 Modulentwicklung für ein Unterrichtskonzept

Wie kann Informatikunterricht in der Schule gestaltet werden, um ökologisches Denken der Schülerinnen und Schüler zu entwickeln? Um diese Frage zu beantworten haben wir begonnen, erste Lernmodule zu konzipieren, die erprobt werden sollen. Ich habe damit angefangen, das Konzept für den ökologischen Informatikunterricht zu skizzieren. Derzeit gibt es ein Modul für die Mittelstufe und Oberstufe. Dieses Modul stelle ich hier vor.

Modul: Umweltfreundlicher Umgang mit IT-Mitteln im Alltagsleben

Im Rahmen des Modules soll den Schülern Einblick in die Grundlage eines rationalen Umgangs mit IT-Mitteln aus Sicht der Ökologie gewährt. Behandelt werden dabei beispielsweise Probleme in Bezug auf das Recycling von IT-Mitteln, ihr Energieverbrauch sowie ihr allgemeiner Einfluss auf die Umwelt. Mit Hilfe realer Beispiele aus dem Alltag und statistischer Darstellungen werden den Schülern die Auswirkungen der unbedachten Nutzung von IT-Mitteln gezeigt. Zudem wird den Schülern auch aufgezeigt, wie man solche Auswirkungen vermeiden kann. Es wird erwartet, dass die Schüler am Ende des Moduls einen umweltbewussten Umgang mit IT-Mitteln beherrschen und die angeeigneten Kenntnisse im Alltag anwenden können.

Als ein Aufgabenbeispiel kann die Berechnung des Energieverbrauchs einer IT-Workstation pro Tag fungieren. Anschließend könnten die Schüler den Energieverbrauch einer Klasse, Schule, Stadt usw. berechnen und verschiedene weitere Vorhersagen über den Umweltfaktor und indirekten CO_2-Ausstoß treffen. In höheren Schulklassen können die Schüler ein ganzes Klassen-Modell der Energieversorgung eines Landes objektorientiert (beispielsweise in Java) abbilden, einen ökologischen Kontext objektorientiert zu modellieren. Weiter könnte man derartig abgebildete Länder, Kraftwerke, IT-Werkstationen usw. mit von den Schülern eigenständig definierten Umwelt-Kennzahlen versehen uvm.

Noch ein Aufgabenbeispiel könnte eine selbstgemachte App zum Thema „Recycling" sein. Den Schülern werden die Umweltschäden demonstriert, die in Folge von

---

[2] www.informatik-im-kontext.de
[3] www.sensebox.de
[4] www.siemens-stiftung.org/de/projekte/experimento

mangelndem Recycling entstehen können. Insbesondere wird gezeigt, wie lange die Natur braucht, um solche Stoffe aufzulösen. Als Aufgabe sollen die Schüler eine App zum Thema „Richtiges Recycling" modellieren und/oder implementieren. Diese App könnte beispielsweise Funktionen zum „Tracking" des eigenen Recycling-Verhaltens beinhalten und eventuell auch die Schüler zur Nutzung der eigenen App motivieren oder als ein Spiel fungieren, bei dem man sich entscheiden muss, welcher Müll in welchen Behälter kommt. Die App kann z.B. mit Hilfe von MIT App Inventor entwickelt werden[5].

Aktuell sind diese Überlegungen noch nicht konkretisiert worden, da zunächst Rahmenbedingungen eines ökologie-orientierten Informatikunterrichts untersucht wurden und werden.

3 Umfrage

Zur Ausrichtung des Vorhabens habe ich Expertenmeinungen eingeholt, indem ich einen Fragebogen für Informatiklehrer erstellt habe. Die Umfrage wurde mit dem Werkzeug EvaSys erstellt und war von Dezember 2017 bis zum Februar 2018 online verfügbar.

3.1 Fragen an Experten

Den Lehrenden wurden die folgenden Fragen gestellt:

- Welche ökologischen Themen sollten aus Ihrer Sicht im Rahmen des Informatikunterrichtes behandelt werden?
- Fallen Ihnen noch weitere ökologische Themen ein, die im Informatikunterricht behandelt werden sollten?
- Wie könnten ökologische Aspekte methodisch in den Informatikunterricht integriert werden?
- Fallen Ihnen weitere Methoden zur Integrierung ein?
- Für wie sinnvoll halten Sie die Integration von ökologischen Aspekten in den Informatikunterricht?
- Kennen Sie bereits ähnliche Projekte?
- Sofern Sie bereits von solchen Projekten gehört haben, welche sind diese?

3.2 Umfrageergebnisse

An der Umfrage haben 64 Lehrer aus NRW teilgenommen. Wie von uns erwartet, haben viele Teilnehmer die Idee, Informatikunterricht in der Schule mit ökologischen Aspekten in Verbindung zu setzen, eher skeptisch gesehen. 27,6% von den Befragten finden es nicht

---

[5] www.appinventor.mit.edu/explore

sehr sinnvoll, ökologische Aspekte in den Informatikunterricht zu integrieren und 8,6% finden es sogar unnötig. 31% von den Befragten haben die Idee neutral beurteilt. Immerhin ein Drittel der Befragten (32,8%) hat die Idee gut gefunden - 13,8% davon finden die Integration von ökologischen Aspekten im Informatikunterricht sehr sinnvoll.

Die Umfrage hat auch gezeigt, welche ökologischen Themen aus der Sicht der Respondierenden im Informatikunterricht behandelt werden könnten (Abb.2) und wie sie methodisch integriert werden können (Abb.3). Außerdem haben die Lehrer die folgenden Themen genannt, die auch zum Informatikunterricht passen können:

• Papierflut durch Ausdrucken;

• Rechnerarchitektur in Bezug auf Energieverbrauch;

• Softwareoptimierung, um Endgeräte länger nutzen zu können.

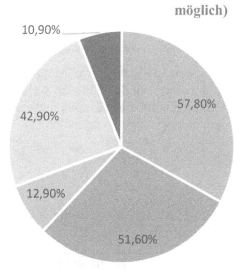

Welche ökologischen Themen sollten aus Ihrer Sicht im Rahmen des Informatikunterrichtes behandelt werden? (Mehrfachauswahl möglich)

- 1. Optimierte Ressourcennutzung bei der Konstruktion und Verschrottung von digitalen Endgeräten wie Computer, Handy etc.
- 2. Reduzierung des Energieverbrauchs bei der Verwendung von Computern, Handys etc.
- 3. Einsatz von Webformularen und Datenbanken zur Vogelzählung
- 4. Regeln und Steuern von Heizungssystemen
- 5. Andere

Abb. 2: Themenvorschläge für ökologischen Informatikunterricht

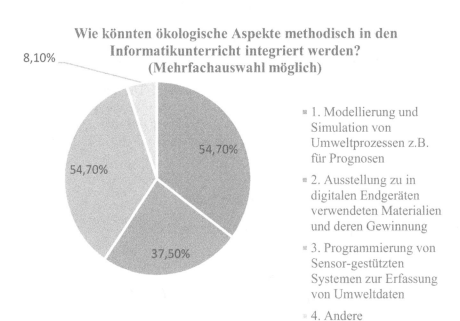

Wie könnten ökologische Aspekte methodisch in den Informatikunterricht integriert werden? (Mehrfachauswahl möglich)

8,10%

54,70%

54,70%

37,50%

- 1. Modellierung und Simulation von Umweltprozessen z.B. für Prognosen
- 2. Ausstellung zu in digitalen Endgeräten verwendeten Materialien und deren Gewinnung
- 3. Programmierung von Sensor-gestützten Systemen zur Erfassung von Umweltdaten
- 4. Andere

Abb. 3: Methodenvorschläge fürs ökologischen Informatikunterricht

Obwohl nicht alle Teilnehmer der Umfrage meine Idee sinnvoll gefunden haben, hat die Umfrage viele wichtige Informationen geliefert, um das Konzept weiter zu entwickeln. Auffällig ist, dass fast alle Lehrer (96,7%) kein ähnliches Projekt kennen. Es könnte sich also lohnen, zu diesem Bereich weitere Untersuchungen anzustellen.

4 Fazit und Ausblick

In diesem Beitrag habe ich einige Einzelheiten meines Projektes vorgestellt. Eine Zusammenfassung gibt die folgende Tabelle:

Abschnitt	Kommentar
Ziel des Projektes	Informatikunterricht in der Schule mit ökologischen Aspekten in Verbindung setzen
Ähnliche Projekte	Informatik im Kontext, senseBox, Bildungsprogramm Experimento
Modulbeispiele	Berechnung des Energieverbrauchs einer IT-Workstation pro Tag; Entwicklung App zum Thema „Recycling" (MIT App Inventor)

	Themen: 1) Optimierte Ressourcennutzung bei der Konstruktion und Verschrottung von digitalen Endgeräten wie Computer, Handy etc.
Vorschläge von Lehrenden	2) Reduzierung des Energieverbrauchs bei der Verwendung von Computern, Handys etc.
	3) Regeln und Steuern von Heizungssystemen
	Methoden: 1) Modellierung und Simulation von Umweltprozessen z.B. für Prognosen.
	2) Programmierung von sensorgestützten Systemen zur Erfassung von Umweltdaten.
	3) Ausstellung zu in digitalen Endgeräten verwendeten Materialien und deren Gewinnung.

Tab. 1: Zusammenfassung des Beitrages

Um die Forschungsfrage beantworten zu können (Wie muss Informatikunterricht in der Schule gestaltet werden, um ökologisches Denken der Schülerinnen und Schüler zu entwickeln?) muss ich die Unterrichtsmodule weiter ausarbeiten und neue Module entwickeln. Im Rahmen dieser Materialentwicklung kann es schon teilweise geklärt werden, ob Informatik in der Schule ökologischer werden kann, ohne ihre grundsätzlichen Inhalte zu verlieren. Bei der weiteren Arbeit sind auch die Standards für den Informatikunterricht ([GI08], [GI16]) zu berücksichtigen. Die Ergebnisse der Umfrage helfen auch mit der weiteren Konzeptbearbeitung.

Obwohl ein Drittel der befragten Lehrer die Projektidee abgelehnt hat, versuche ich weiter mein Projekt zu entwickeln. Wenn die Lehrer schon ein fertiges Modul mit konkreten Aufgaben sehen, ändern sie vielleicht ihre Meinung und werden sich mehr für den ökologieorientierten Informatikunterricht interessieren. Ich habe vor, später eine neue Umfrage durchzuführen, bei der die Lehrer einige Aufgabenbeispiele sehen und beurteilen können.

Literaturverzeichnis

[En18]   Engelmann,   D.:   Rohstoff   Elektroschrott,   https://www.planet-wissen.de/technik/werkstoffe/metallrohstoffe/pwierohstoffelektroschrott100.html, Stand: 15.01.2018.

[GI08]   Grundsätze und Standards für die Informatik in der Schule - Bildungsstandards Informatik für die Sekundarstufe I: GI, Gesellschaft für Informatik e.V., Beilage zu LOG IN, 28. Jg. (2008), Heft Nr. 150/151

[GI16]   Grundsätze und Standards für die Informatik in der Schule - Bildungsstandards Informatik für die Sekundarstufe II: GI, Gesellschaft für Informatik e.V., Beilage zu LOG IN, 36. Jg. (2008), Heft Nr. 183/184.

[KK07]   Koubek, J.; Kurz, C.: Informatik-Mensch-Gesellschaft im Schulunterricht: 12. GI-Fachtagung Informatik und Schule, 2007.

[Ko09]   Koubek J.; Schulte, C.; Schulze, P.; Witten H.: Informatik im Kontext (IniK). Ein integratives Unterrichtskonzept für den Informatikunterricht: 13. GI-Fachtagung Informatik und Schule, 2009.

Development of Informatics Teaching Materials by Teacher Teams in the Netherlands

Nataša Grgurina[1]

Abstract: The introduction of the new Informatics curriculum in the Netherlands in 2019 raises the need for new teaching materials, associated assessment and guidelines for teachers. The established publishers show little interest in developing teaching materials for the elective themes in the curriculum, so a project led by the Netherlands Institute for Curriculum development is facilitated where teacher teams are formed to engage in this effort instead. This paper describes how these teams develop and test the teaching materials and it provides an example from one of the modules being developed.

Keywords: Curriculum, curriculum development, informatics, modeling, NetLogo.

1   Informatics in the Netherlands

In the Netherlands, informatics is an elective subject in grades 10 and 11 of the senior general secondary education spanning grades 7 through 11 (in Dutch: HAVO) and in grades 10 through 12 of the pre-university education spanning grades 7 through 12 (in Dutch: VWO). Contrary to most of the other school subjects, its final examination is not in a form of a national exam. Informatics has been taught since 1998 and in 2007 the curriculum underwent minor changes focused mostly on streamlining the learning objectives [GT08]. In the meantime, the emergence of new technologies, the way they permeate our daily lives and the shift from the emphasis on their use in business contexts to their ubiquitous presence meant the curriculum became outdated and inadequate. In 2014, a number of events took place that led to the revision of the informatics curriculum. First, the Netherlands Institute for Curriculum Development (in Dutch: Stichting leerplanontwikkeling, SLO) surveyed the Dutch informatics teachers and asked them about desirability of a curriculum revision and enquired about their ideas about what needed to be changed, left out or added to the curriculum [TKG14]. Then, Lorentz workshop *Computing in Secondary Education*[2] was held where a number of national and international experts convened to discuss what are the relevant and desirable features of a modern informatics curriculum. Finally, the Ministry of education asked the SLO to develop a new curriculum for informatics. In 2016, the new curriculum was finished and presented to the Ministry of education. In order to allow sufficient time for the preparation of its implementation, it was decided to introduce it in schools in 2019.

[1] University of Groningen, Faculty of Behavioural and Social Sciences, Teacher Education, Grote Kruisstraat 2/1, 9712 TS Groningen, the Netherlands
[2] https://www.lorentzcenter.nl/lc/web/2014/644/info.php3?wsid=644&venue=Oort

2   New Informatics Curriculum

The new informatics curriculum is characterized by high level conceptual learning outcomes. The core curriculum consists of six domains: (A) Skills, (B) Foundations, (C) Information, (D) Programming, (E) Architecture, and (F) Programming. Furthermore, there are twelve elective domains from which a HAVO student needs to choose two and a VWO student four. These are: (G) Algorithms, computability and logic, (H) Databases, (I) Cognitive computing, (J) Programming paradigms, (K) Computer architecture, (L) Networks, (M) Physical computing, (N) Security, (O) Usability, (P) User Experience, (Q) Social and individual impact of informatics, and (R) Computational Science. For example, the description of the last domain, computational science, reads, *"Modeling: The candidate is able to model aspects of a different scientific discipline in computational terms"* and *"Simulation: The candidate is able to construct models and simulations, and use these for the research of phenomena in that other science field."* [BT16] The curriculum does not provide further details about these learning objectives, instruction or assessment. In line with the Dutch tradition, this is left to the educators and authors of teaching materials. The elaboration of these learning objective, the development of teaching materials, assessment tools and teacher training courses are already taking place. This paper describes these endeavors in detail, including an example from the teaching material under development which illustrates the interpretation of the domain computational science.

3   Development of Teaching Materials

In the Netherlands, there are three publishers of teaching materials for informatics. About ten to twelve percent of the students in HAVO and VWO schools elect to take this course, meaning that the market for the publishers is rather small. This situation, combined with the fact that elective domains in the new curriculum are expected to be chosen by even smaller numbers of students, means that the publishers have no financial incentive to develop teaching materials for the elective domains and are only interested in developing teaching materials for the core domains. To alleviate this problem, the Ministry of education provided financial means and asked SLO to coordinate a project where teams of teachers would develop teaching material for elective domains.

3.1   Principles for Module Development

SLO developed a procedure describing the participants and stakeholders in the project, the guidelines outlining the process they engage in, and finally, the products to be delivered. In accordance with this procedure, for each of the twelve elective domains a team should be formed, consisting of a at least two informatics teachers, an expert and a teacher educator specialized in didactics of informatics. First, the team writes a global description of the module they work on, which specifies the intended learning outcomes, target audience, planning and other relevant details. Then they engage in the actual writing of the module which needs to satisfy the following criteria:

- suitable for self-study because not all teachers are expected to possess adequate expertise for that particular domain

- embed the intended learning outcomes in rich and relevant contexts

- incorporate at least one of the three basic skills in the curriculum, namely: design and development, using informatics as a perspective, and finally, cooperation and interdisciplinarity

- suitable for both the HAVO and the VWO students, yet provide for their differences

- suitable to be published online

- accompanied by teachers' instruction and a suitable form of assessment (e.g. a test or a practical assignment).

When a (preliminary version of a) module is finished, it should be tested in at least two schools. The feedback from the teachers and their students who engage in testing of a module should then be collected, and a new version of a module should be written. The final version of the module should be presented to an external expert and a certifying body for final approval. This certification serves as quality control in multiple ways, not the least to partly compensate the lack of a national exam and corresponding lack of quality control and lack of ways to compare students' achievements across different schools.

3.2   Example of a Module

One of the modules currently being developed is the module for the domain (R) Computational Science. First of all, an operational description of the intended learning outcomes (ILO) of this learning objective was obtained, describing the modeling cycle for simulation modeling through its elements purpose, research, abstraction, formulation, requirements/specification, implementation, verification/validation, experiment, analysis, and reflection [Gr16]. Then, a number of informatics teachers were interviewed to establish their pedagogical content knowledge concerning modeling and simulation [Gr17], and finally, the team agreed on a number of characteristics of the module:

- Guiding principle of the module design should be four-component instructional design [KM08]

- NetLogo is chosen as the programming language to build the models

- The text of the module should be richly augmented with media such as movies and interactive websites

- Module has three chapters: (1) What are models, (2) NetLogo tutorial, and (3) Developing and using models, thus giving teachers the choice to teach the entire module or only parts of it.

Here we first present two examples of the assignments from the first chapter (translated from Dutch) with questions that are meant to encourage the students to develop their own ideas and to stimulate class discussion, and, in the brackets, possible answers from the teachers' manual. Secondly, we present an example of the final assignment from the third chapter.

3.3   A Flock of Starlings

Watch the video of a flock of starlings https://www.youtube.com/watch?v=V4f_1_r80RY.

We want to make a model of the form of a flock of starlings by describing the behavior of individual birds. The starlings are influenced by the factors from their surroundings.

1. Name at least five factors which could influence the behavior of the individual birds. (Total number of birds, distance to neighbors, their own speed, speed of the neighbors, wind direction, presence of predators, height, flight direction (upwards, downwards, …) flight direction of the neighbors, …)

2. For what purpose could a model of a flock of starlings be used? (Fundamental insight into how nature works.)

3. Amazingly, the starlings never collide with each other. Devise a situation where the knowledge of the mechanisms underlying this phenomenon could be used. (Programming a number of robots who need to cooperate within a group. For use in the software of self-driving cars or other self-moving objects such as drones, military vehicles, etc.)

3.4   Mexican Wave

Watch the video of Mexican Wave in a football arena: https://www.youtube.com/watch?v=9IfcFwseTdY.

4. Formulate two research questions regarding the Mexican wave. (1. Does the wave progress with a proximally equal velocity on all levels in the arena? 2. How many rounds, on average, does the wave make through the arena before it stops?)

5. For both of these research questions, formulate a hypothesis: what outcomes do you expect? (Answers in relation to the answers to the previous question: 1. People try to keep the wave vertically aligned. Since the rounds are bigger higher up in the arena, the wave will go faster there. 2. Seven.)

In the previous paragraph [not quoted here], the following research question was posed:

How fast does a Mexican wave propagate through the football arena?

Based on the video, we can estimate the results, thus allowing us to use a numerical value in our hypothesis.

6.   Examine the video. On basis of what data or evidence could you make a substantiated estimate of the speed of propagation of the wave through the arena? (The playing speed of the video and the size of the arena (making an estimate, looking up the actual size, possibly estimating based on the size of the chairs and the space between the chairs))

7.   Use the data from the preceding question together with the estimation you made to formulate a hypothesis. (Between 7 and 12 seconds the wave goes straight along approximately half of the football field – in other words, 50 meter in 5 seconds yields an estimated speed of 10 m/s. Between 46 and 53 seconds, the wave goes straight along approximately three quarter of the field, which means 75 meter in 7 seconds or 11 m/s. Out hypothesis is that waves in arenas travel with speeds between 8 m/s and 14 m/s, depending on the size of the arena.) [Mo18]

3.5   Final Assignment

For the final assignment, the students should form groups and engage in projects lasting several weeks where they design a model and use it to experiment with it (i.e. run simulation), generate data, analyze it and answer their research question. An example of such a project is exploring the question whether sustainable human life is possible on Mars. The students are pointed to the websites of NASA and SpaceX to learn about the current state of affairs and subsequently have to explore whether, after the initial supplies and shelter were delivered, it would be possible to produce sufficient water, air and food to survive and thus whether it would be possible to found a sustainable human colony on Mars.

4   Future Work

According to the planning of the entire project, the tested versions of teaching materials with all accompanying documents for elective domains should be available for use in all schools by the time the new curriculum comes in use in the academic year 2019-2020. After that, the evaluation and possible adjustment of the teaching materials should go on for another four years.

5   References

[BT16]   Barendsen, E., & Tolboom, J. (2016). Advisory report (intended) curriculum for informatics for upper secondary education. Enschede: SLO.

[Gr16]   Grgurina, N., Barendsen, E., Zwaneveld, B., van Veen, K., & Suhre, C. (2016). Defining and observing modeling and simulation in informatics. International Conference on Informatics in Schools: Situation, Evolution, and Perspectives, pp. 130-141.

[Gr17]   Grgurina, N., Barendsen, E., Suhre, C., van Veen, K., & Zwaneveld, B. (2017). Investigating informatics teachers' initial pedagogical content knowledge on modeling and simulation. International Conference on Informatics in Schools: Situation, Evolution, and Perspectives, pp. 65-76.

[GT08]   Grgurina, N., & Tolboom, J. (2008). The first decade of informatics in dutch high schools. Informatics in Education, 7(1), 55-74.

[KM08]   Kirschner, P. A., & Van Merriënboer, J. (2008). Ten steps to complex learning a new approach to instruction and instructional design.

[Mo18]   SLO. (2018). Module Computational science. Unpublished work.

[TKG14]   Tolboom, J., Kruger, J., & Grgurina, N. (2014). Informatica in de bovenbouw havo/vwo: Naar aantrekkelijk en actueel onderwijs in informatica. Enschede: SLO.

Überlegungen zu einem Beitrag zur Lehrerbildung in der digital vernetzten Welt

Ein auf Erfahrungen gestützter Bericht und Diskussionsbeitrag

Dieter Engbring[1]

Abstract: Dieser Aufsatz knüpft an eine Forderung der „Dagstuhl-Erklärung" zur „Bildung in der digital vernetzten Welt" aus dem Jahr 2016 an. Darin geht es um den gemeinsamen Beitrag von Medienbildung und Informatik im Rahmen der Lehrerausbildung aller Fächer und Schulstufen. Die zukünftigen Lehrer sollen in einem solchen Modul in die Lage versetzt werden, im Unterricht methodisch und inhaltlich mit den Folgen der Digitalisierung umzugehen. Der in diesem Aufsatz dargestellte Vorschlag basiert auf theoretischen Überlegungen aus interdisziplinären Diskursen und Erfahrungen, die aus fachübergreifenden Lehrveranstaltungen resultieren. Die Erprobung des Vorschlags soll dazu beitragen, Theorie und Praxis voranzutreiben.

Keywords: Lehrerbildung, „digitale Bildung", Informatiksysteme, Informatik, Mensch und Gesellschaft, Anwendungen der Informatik , Medienkompetenzen

1 Einleitung

Seit ca. 25 Jahren versuchen Medienpädagogen und Informatiker – sehr oft unabhängig voneinander oder sogar gegeneinander arbeitend, nicht selten einander nicht wohlgesonnen,[2] zum Teil aber auch wie in Paderborn gemeinsam – den Prozess der Digitalisierung aus Sicht ihrer Disziplin und auch insgesamt zu deuten. *Digitalisierung* ist hierbei der aktuell gebräuchliche Begriff. In der Vergangenheit war auch von „Informationsgesellschaft", „Informations- und Kommunikationstechnologien", „Multimedia" und vielen anderem mehr die Rede.

Die gemeinsame Dagstuhl-Erklärung von Medienpädagogen und Informatikern aus dem Jahr 2016 fordert unter anderem die Zusammenarbeit von Informatikern und Medienpädagogen im Bereich der Lehrerbildung. „5. Eine entsprechend fundierte Lehrerbildung in den Bezugswissenschaften Informatik und Medienbildung ist hierfür unerlässlich. Dies bedeutet: a. Ein eigenständiges Studienangebot im Lehramtsstudium, das Inhalte aus der Informatik und aus der Medienbildung gleichermaßen umfasst, muss eingerichtet werden" [GI16] In diesem Aufsatz wird ein Vorschlag für ein solches Studienangebot unterbreitet, der auf kumulierten Erfahrungen der Kooperation beruht.

---

[1] Universität Bonn, Institut für Informatik, Endenicher Allee 19c, 53115 Bonn, dieter.engbring@uni-bonn.de
[2] Informatiker nannten Medienpädagogen *Schmalfilmer* und im Gegenzug verballhornen Medienpädagogen informatische als *informatorische* Bildung …

Dazu wird in diesem Aufsatz zunächst von der Kooperation in Paderborn berichtet, aus der auch gemeinsame Lehrveranstaltungen resultierten, deren Erfahrungen in den zu unterbreitenden Vorschlag einfließen. Insbesondere wird darauf einzugehen sein, warum es trotz gemeinsamer Überzeugungen auch immer wieder zu Verständnisproblemen kommt (2). Daran anschließend wird auf das in der Dagstuhl-Erklärung enthaltende Dreieck und seine Weiterentwicklung im Rahmen der Arbeitstagung *Dagstuhl in Progress* einzugehen sein, in der sich ähnliche Verständnis- und auch Abstimmungsprobleme zeigen. Abermals werden die Grenzen bildungspolitischer, hermeneutischer und normativer Begriffsbildungsprozesse deutlich (3). Nur durch die Einbeziehung praktischer Erfahrungen und deren Bewertung können diese Herausforderungen gemeistert werden. Für die weitere Diskussion und Evaluation wird ein entsprechender Vorschlag für eine solche Lehrveranstaltung unterbreitet (4). Ein kurzer Ausblick auf die daraus resultierenden und nun anstehenden Forschungsfragen beendet diesen Aufsatz (5).

2 Zur Kooperation von Medienpädagogen und Informatikern

Im Dezember 1993 gründete sich an der Universität Paderborn der Arbeitskreis Schule und Computer (AK SchuCo). Die Initiative dazu ging von R. Keil(-Slawik) aus. Dieser war im Jahr zuvor dort zum Hochschullehrer für *Informatik und Gesellschaft* berufen worden. Zunächst waren G. Tulodziecki, seinerzeit Professor für Medienpädagogik und allgemeine Didaktik in Paderborn, und dessen Frau A. Hauf-Tulodziecki, die am Landesinstitut in Soest zuständig für die ITG/IKG[3] war, an der Gründung beteiligt. Zu diesem Kreis gehörten von Beginn an auch B. Herzig und der Autor dieses Beitrages. Dieser Kreis wurde in der Folgezeit um eine ganze Reihe von Personen erweitert, so bspw. die Informatik-Didaktiker A. Schwill und J. Magenheim.

Aus diesem AK gingen einige Initiativen hervor, nie aber ein gemeinsames Forschungsprojekt. Es gab gemeinsame Lehrveranstaltungen an der Universität Paderborn und offene Treffs des AKs, zu denen auch externe Referenten eingeladen waren. Von diesen Referenten wurde ein breites hier nicht einmal im Ansatz darstellbares Themenspektrum adressiert. Zudem ist die *Lernstatt Paderborn*[4] als Infrastrukturprojekt für die allgemeinbildenden Schulen der Stadt Paderborn zur Ausstattung der Schulen mit Rechnern und deren Wartung maßgeblich durch den AK initiiert und begleitet worden. Darüber hinaus hat man sich zu Beginn der Kooperation auf eine Stellungnahme als Reaktion auf reichlich überfrachtete Ansprüche zur Veränderung des Bildungssystems durch die Nutzung von Multimedia- und Internet-Technologien verständigt. Auf diese Stellungnahme wird zunächst eingegangen, bevor von den gemeinsamen Lehrveranstaltungen berichtet wird.

---

[3] ITG = informationstechnische Grundbildung; IKG = Informations- und Kommunikationstechnologische Grundbildung. Das war ein bildungspolitisches Konzept, das irgendwo zwischen Medienerziehung und Informatikunterricht positioniert war.

[4] https://www.paderborn.de/bildung-universitaet/lernstatt/index.php (15.4.2018)

2.1 Zur Stellungnahme des AK SchuCo aus dem Jahr 1995

Die komplette zwei Seiten umfassende Stellungnahme des AK SchuCo wird unter anderem von dem damals auch in Paderborn lehrenden und daran beteiligten A. Schwill auf dessen Server bereitgestellt.[5] In ihrem Kern stellt sie *irreführende Behauptungen* und deren *problematische Implikationen* einander gegenüber und fordert in der Überschrift: „Statt Technisierung der Bildung, bilden für eine zunehmend technisierte Welt". Im Folgenden werden aus diesem sehr dichten Text die wichtigsten Aussagen zitiert, die 23 Jahre später immer noch aktuell sind.

„In der öffentlichen Diskussion um Computer und Bildung ... wird häufig suggeriert, der Einsatz neuer Techniken reiche aus, um Lernen und Unterricht zu verbessern. ... [Die] Aufgaben der Schule in einer zukünftigen „Informationsgesellschaft" [werden weder] hinreichend bedacht, noch wird die Rolle der Informations- und Kommunikationstechnologien für Bildung und Erziehung reflektiert."

Dies führt u. a. zu der irreführenden Behauptung: „Nur durch eine frühzeitige und umfassende Nutzung von Computern in allen Schulstufen könne die Konkurrenzfähigkeit auf dem Weltmarkt gesichert werden." Daraus folgt die problematische Implikation: „Innovationsfähigkeit wird auf die Aneignung technischen Wissens verkürzt. Schule wird einseitig für wirtschaftliche Zwecke funktionalisiert." Auch heute noch wird nicht nur in bildungspolitischen Papieren sondern auch in internationalen Studien, wie z. B. der ICILS-Studie[6] viel zu sehr Wert auf Kompetenzen im sachgerechten Umgang mit den Systemen gelegt, die sich vor allem in der Erschließung der Systemrationalität nicht aber der selbstbewussten, aufgeklärten und emanzipierten Nutzung ausdrücken.

Auf der zweiten Seite der Stellungnahme erfolgt zunächst ein Hinweis auf die Ambivalenz der Entwicklung, die heute Digitalisierung genannt wird und brandaktuell ist: „Die mit der Entwicklung der neuen Medien einhergehenden Möglichkeiten der schnellen Erfassung, Verarbeitung, Speicherung und Übermittlung großer Datenmengen unterschiedlichen Typs, wie z. B. Text, Bild, Ton, werden zu enormen qualitativen Veränderungen im Bereich des Aufbaus, der Organisierung und Erschließung von Wissensbeständen sowie der Kommunikation zwischen Einzelnen, Gruppen und politischen Entscheidungsträgern führen. ... Dabei ist insbesondere zu berücksichtigen, daß soziale Prozesse und individuelle Verhaltensweisen über die Erfassung personenbezogener Merkmale selbst wiederum zum Gegenstand der automatisierten Datenverarbeitung werden können. ... Die demokratische Gestaltung dieser Entwicklung, die Bewertung der verknüpften Chancen und der Risiken, die sich daraus für den Einzelnen, verschiedene gesellschaftliche Gruppen und die soziale Gemeinschaft als Ganzes ergeben, müssen unverzichtbarer Teil von Bildung werden. ... Bilden für eine technisierte Welt erfordert gleichermaßen die Umgestaltung von Inhalten, Kommunikations- und Arbeitsformen sowie Organisations- und Entscheidungsstrukturen im Bildungssystem."

---

[5] http://www.informatikdidaktik.de/HyFISCH/Informieren/politik/SchuCoPaderborn1995.pdf (15.4.2018)
[6] International Computer and Information Literacy Study. https://www.bmbf.de/de/icils-international-computer-and-information-literacy-study-921.html (15.4.2018)

Aus dieser Einschätzung und der normativen Setzung zu den übergeordneten Zielen folgt u. a. folgende zuletzt in der Erklärung genannte Forderung: „Lehrerinnen und Lehrer müssen mehr als bisher befähigt werden, Lernprozesse als Auseinandersetzung mit bedeutsamen Aufgaben anzuregen und an geeigneten Stellen mit Informations- und Kommunikationstechnologien zu unterstützen. Darüber hinaus müssen sie in die Lage versetzt werden, im Sinne einer informationstechnischen Grundbildung bzw. einer erweiterten Medienpädagogik und einer allgemeinen technischen Bildung die Informations- und Kommunikationstechnologien im Unterricht zu thematisieren."

Dieses Ziel zu erreichen, wurden dann auch entsprechende Lehrveranstaltungen durchgeführt und Erfahrungen gesammelt. Zu einer systematischen Auswertung dieser Erfahrungen ist es jedoch nie gekommen. Es können allerdings eine Reihe von Befunden vorgelegt werden, mit denen die Herausforderungen benannt werden können, denen sich solche Lehrveranstaltungen zu stellen haben.

2.2   Erfahrungen aus der Durchführung von Lehrveranstaltungen

Zunächst haben die Akteure des AKs eine Ringvorlesung angeboten, die den Studierenden vielfältige Einblicke in die jeweiligen Gebiete lieferte und auch den Akteuren die Möglichkeit bot, sich gegenseitig weiter zu verständigen. Diese Ringvorlesung wurde jedoch nur einmal durchgeführt.

In der Folge wurden eine Reihe von Seminaren im erziehungswissenschaftlichen Bereich des Lehramtsstudiums angeboten, in denen offenbar wurde, dass es vielfältige Schnittstellen und -mengen von Medienpädagogik sowie Informatik (und Gesellschaft) gibt. Allerdings können hieraus nicht in trivialer Art und Weise Inhalte und Ziele der Lehrerbildung deduziert werden. Zum einen liegen diese Inhalte und Ziele im Bereich politischer Bildung bzw. der Einschätzung zur Nutzung bzw. zum Nutzen der digitalen Systeme. Zum anderen beruhen diese Betrachtungen nicht auf einer gemeinsamen Terminologie und zielen nicht auf ein tieferes Verständnis der Technologien. Vor allem letzteres stand weder im Fokus der Medienpädagogen noch der Studierenden. Wenn überhaupt beschäftigen sich die Studierenden mit den technischen bzw. informatischen Hintergründen nur punktuell und nicht besonders tiefgreifend. Wenn die Studierenden sich überhaupt auf Inhalte der Informatik eingelassen haben, ist dies nicht über eine phänomenologische und wenig informatische Betrachtung à la *Sendung mit der Maus* hinausgegangen. Offenbar wird der Aufwand sich in ein Teilgebiet der Informatik einzuarbeiten (z. B. Rechnernetzte im Bereich des Cybermobbing) als (zu) hoch angesehen, wenn es mit dem Nutzen (Erkenntnisgewinn) in Beziehung gesetzt wird. All dies ist sehr viel ausführlicher dargestellt in [EK14] und [KE15].

Noch deutlicher werden diese Herausforderungen im Rahmen der an der Universität Paderborn konzipierten Zusatzqualifikation Medien. Darin enthalten ist eine Einführung in die „Grundlagen der Informatik für Lehramtsstudierende". Diese Zusatzqualifikation wurde von den Studierenden deutlich seltener gewählt als die beiden anderen „Heterogenität" und „gesunde Schule". Möglicherweise hängt dies auch an der größeren Attraktivität der beiden anderen Angebote zusammen; sicher hängt dies aber auch an dem Ruf, der Veranstaltungen zur Informatik vorauseilt. Leider ist auch dies niemals differenziert untersucht worden. Es gibt aber eindeutige Hinweise, dass es vor allem der Ruf der Informatik ist, die die Studierenden dazu veranlassen diesen Schwerpunkt nicht zu wählen.

Um den Ruf der Informatik geht es bei einer Untersuchung der Didaktik der Informatik an der Universität Wuppertal aus dem Jahr 2012. Im Rahmen einer Ringvorlesung mit Übungen unter der Überschrift „Informatik im Alltag" gelang es den dortigen Professoren der Informatik, die jeweils einen Beitrag leisteten, das Bild der Informatik bei den Studierenden zu verändern [MF12]. Leider fehlen hier jedoch Untersuchungen bzw. Aussagen dazu, inwieweit die Studierenden das in dieser Veranstaltung erworbene Wissen, für sich als gewinnbringend, nützlich oder hilfreich zum Verstehen des Prozesses der Digitalisierung empfinden.

2.3   Kurzes Zwischenfazit

Vor allem ist die Bereitschaft der Studierenden sich auch mit den übergreifenden und von konkreten Technologien unabhängigen Grundlagen der Informatik zu befassen, nicht besonders ausgeprägt. Vielen reicht es aus, dass die Technik funktioniert und dass sie diese zu dem gedachten Zweck bedienen können; einige wenige versuchen sich an einfachen Erklärungsmodellen, der darin enthaltenden algorithmischen Abläufe. Nur sehr wenige interessieren sich für die dahinter stehenden Grundlagen der Informatik. Sie scheuen vor allem den Aufwand, den sie spendieren müssen und den sie zurecht als hoch bzw. subjektiv als zu hoch einschätzen. In der Tat sind die *Grundlagen der Informatik* nicht mal nebenbei vermittelbar oder erlernbar. Die unterschiedlichen Sichtweisen von Medienpädagogen und Informatikern auf den Prozess der Digitalisierung lassen sich auch nur unter großen Mühen miteinander in Einklang bringen, da eine Vielzahl fachbezogener Begriffe aufeinander abgestimmt werden müssten. Wissenschaftlicher Erfolg lässt sich jedoch in der eigenen Domäne leichter erzielen als irgendwo dazwischen bzw. im interdisziplinären Kontext. Letzteres ist bislang nur eine Hypothese. Sie ist jedoch auch eine Erkenntnis aus der nun folgenden Bewertung der Dagstuhl-Erklärung und -Dreieck.

3   Das Dagstuhl-Dreieck als Modell für die didaktische Analyse

3.1   Zur Kritik des ursprünglichen Dreiecks

Das Dagstuhl-Dreieck (s. Abbildung 1) wurde im direkten Anschluss an ein gemeinsames Seminar von Informatikern und Medienpädagogen auf Schloss Dagstuhl publiziert. Es war und ist in der Fassung vom März 2016 ein Türöffner für bildungspolitische Diskussionen im Bereich der Digitalisierung, das dem Grundsatz 'keep it small and simple' folgt. Es hat jedoch auch für zum Teil heftige Diskussionen gesorgt, unter anderem weil es aus wissenschaftlicher Sicht sehr unpräzise und grob ist.

Abbildung 1:Das Dagstuhl-Dreieck

Es kann dennoch dem wissenschaftlichen Diskurs dienen, da es quasi im Zuge einer didaktischen Analyse gelingen kann, der Komplexität des Gegenstandsbereiches Herr zu werden, indem drei (die drei wesentlichen?) Perspektiven einer didaktischen Analyse für den Prozess der Digitalisierung aufgezeigt werden.

Der Medienpädagoge Tulodziecki weist in einer Stellungnahme darauf hin, dass es dazu möglicherweise einer vierten und fünften Perspektive bedürfe. „Die vierte Perspektive … könnte z. B. als „mediale Perspektive" bezeichnet und mit der Frage charakterisiert werden: „Wie begegnet uns das?" oder „Wie tritt das in Erscheinung?" oder „Wie erscheint das?". Wenn dabei die Bedingungen, unter denen Mediatisierung stattfindet (oder nicht stattfindet), hinreichend berücksichtigt werden, würde sich eine fünfte Perspektive möglicherweise erübrigen, ansonsten sollte über eine Perspektive nachgedacht werden (die sich im Sinne einer Bedingungsperspektive ebenfalls von der Wirkungsperspektive unterscheidet)." [Tu16]

Neben diesen möglicherweise entscheidenden Auslassungen bzw. Versäumnissen, erweisen sich sowohl das Innere des Dreiecks wie auch die Kantenbeschriftungen als viel zu vage. Es stellt sich vor allem die Frage, ob die gewählten Attribute die Inhalte genügend genau bezeichnen. Auf jeden Fall verkürzen die dazu gestellten Fragen die Problematik in unzulässiger Weise. „Wie funktioniert das?" scheint bloß die Frage nach einer positivistischen Beschreibung der Technologien zu stellen, nicht aber die Frage, warum etwas so gebaut bzw. gestaltet ist. Auch im erläuternden Text wird darauf nicht eingegangen; es wird lediglich nach den Erweiterungs- und Gestaltungsmöglichkeiten gefragt. Man mag argumentieren, dass die Frage nach dem Warum in den gesellschaftlich-kulturellen Kontext gehört. Vielleicht ist die Frage nach dem Warum auch mit der Mediatisierungsperspektive verwandt, die Tulodziecki in die Diskussion bringt.

Im erläuternden Text zur gesellschaftlich-kulturellen Perspektive wird zwar darauf verwiesen, dass es nicht nur um Wirkungen sondern um Wechselwirkungen geht, womit dann auf die Möglichkeiten der Beeinflussung hingewiesen wird. Digitalisierung ist ein gesellschaftliches Phänomen, das der Gestaltung bedarf. Die dazu auch notwendige Auseinandersetzung in einem gesellschaftlichen/politischen Prozess wird jedoch allenfalls angedeutet. Die zusätzlich von Tulodziecki benannte Perspektive, die Bedingungen der Medienproduktion einzubeziehen, gehört dann dazu. Die Frage nach den (Wechsel-) Wirkungen lässt sich außerdem nicht eindeutig oder positivistisch beantworten, was insbesondere Informatikern Schwierigkeiten bereitet. Zwar gab es in der Informatik ein Fachgebiet Informatik und Gesellschaft mit dazu berufenen Professoren. Diese Lehrstühle sind jedoch nicht wiederbesetzt worden, was ein Indiz dafür ist, wie wenig sich dieses Fachgebiet hat als Teilgebiet der Informatik hat etablieren können.

In der dritten Perspektive (unten, weil dies Basis bildend?) werden die Fragen nach dem individuellen (nicht dem gesellschaftlichen) Umgang gestellt. Allerdings fragt „Wie nutze ich das?" zumindest wenig aufgeklärt und nicht emanzipiert nur danach, wie man sich der gegebenen Systemrationalität unterordnet. Der erläuternde Text spricht zwar von einer „zielgerichteten Auswahl" und integriert die Frage „Warum wird es genutzt?" „Dies erfordert eine Orientierung hinsichtlich der vorhandenen Möglichkeiten und Funktionsumfänge gängiger Werkzeuge in der jeweiligen Anwendungsdomäne und deren sichere Handhabung." [GI16] Allerdings kann man diesbezüglich eigentlich keine Kriterien benennen, die zur Einlösung dieses Anspruches wirklich hilfreich sind. Diese sind nur auf einen konkreten Anwendungskontext bezogen und damit nur schwer auf andere, auch zukünftige digitale Artefakte übertragbar. Ein solcher Transfer scheint jedoch – nicht nur angesichts der Geschwindigkeit der Digitalisierung zwingend erforderlich. Dies ist denn auch Ausgangspunkt des in Abschnitt 4 darzustellenden Zugangs zum Prozess der Digitalisierung.

3.2   Weiterentwicklung des Dagstuhl-Dreiecks

Dieses alles und noch viel mehr erkennend, kam es im Sommer 2017 in Frankfurt zur Arbeitstagung „Dagstuhl in Progress", bei der neben Medienpädagogen und Informatikern nun auch Medienwissenschaftler am Dagstuhl-Dreieck weitergearbeitet haben. Sehr deutlich wurde aus den disziplinären Perspektiven Kritik an den Begriffen und Formulierungen der Erklärung geübt. Eine Arbeitsgruppe auf der Tagung mit Vertretern aller drei beteiligten Disziplinen versuchte zu passenderen Begriffen zu gelangen. In diesem Zuge wurden dann das Zentrum des Dreiecks und die vormals Perspektiven genannten Kanten des Dreiecks umbenannt (vgl.

Abbildung 2: „Endstand" nach der Tagung

Abb. 2). In diesem interdisziplinären auf Begriffsbildung zielenden Diskurs haben Vertreter der Disziplinen zwischenzeitlich die Gelegenheit erhalten, ihre Perspektive für sich allein zu finden bzw. angesichts der vorangegangenen Diskussion zu überdenken. Nach der fachinternen Sammlungsphase war beschlossen worden, es bei drei Kanten zu belassen, was nicht zwingend ist, sondern vor allem dazu dienen sollte, die dargestellte Weiterentwicklung kommunizieren zu können. Allen Fächern ist es gelungen die eigenen Inhalte den drei Perspektiven zuzuordnen. Die beiden von Tulodziecki geforderten zusätzlichen Perspektiven sind Teil der gesellschaftlichen kulturellen Perspektive.

Da dem Modell seine Einfachheit genommen wurde, ist der Vorsatz dieses auch für die bildungspolitische Diskussion nutzen zu können, allerdings nicht erreicht worden. Außerdem ist es ist nur ein weiterer Zwischenstand.[7] Bereits die Formulierung im Zentrum erweist sich als unglücklich. Sie beschreibt zwar deutlicher das übergreifende Ziel der *Bildung in der digital vernetzten Welt*, da dort „Leben mit digitalen Medien und Systemen" und eben nicht „Anpassung an …", „zur Kenntnis nehmen, dass …" oder „Wirkung beschreiben …" steht. Die aktive Rolle der Menschen wird stärker als zuvor betont. Die Formulierung ist jedoch insofern unglücklich, da die „Leben mit …" Formulierungen ansonsten vor allem im Kontext schwerer Krankheiten und Krisen genutzt werden, woraus sich dann doch eine Bedeutungsverschiebung ergäbe, die zu sehr auf die negativen Aspekte der Digitalisierung zielt. Auch an den Perspektiven müsste jetzt noch weiter gearbeitet werden. Eine wesentliche Erkenntnis der Diskussionen um das Dagstuhl-Dreieck wie auch der Arbeiten des AK SchuCo ist: Hermeneutisches und normatives wissenschaftliches Arbeiten hat seine Grenzen; Praxiserfahrungen sind nötig auch um die Theorie weiterzuentwickeln. Der nun vorzulegende Vorschlag dient auch einer solchen empirischen Perspektive.

4   Zum Vorschlag für die (Lehrer-)Bildung

Auch das weiterentwickelte Dagstuhl-Dreieck verweist darauf, dass „digitale Bildung" auch informatische Bildung beinhaltet. Die Frage nach der wünschenswerten bzw. notwendigen Tiefe und Breite wird nicht beantwortet. Diese Frage wird sich nicht eindeutig beantworten lassen; der Ertrag der Lernprozesse scheint nach den Erfahrungen an der Universität Paderborn sehr davon abzuhängen, wie man den Zugang gestaltet, dass die Beschäftigung mit den Inhalten informatischer Bildung Sinn stiftet und an die vorhanden kognitiven Strukturen anschlussfähig ist.

Eine Standardeinführung in die Grundlagen der Informatiker, wie sie Informatiker gestalten, wird nicht unmittelbar ausreichen, die im Zentrum der Überlegung stehenden Phänomene, Gegenstände und Situationen der digital vernetzten Welt einzuordnen oder verstehen. Diese so zu erwerbenden Kenntnisse über Algorithmen und Modellierungen schließen nur sehr mittelbar an die Erfahrungen an, die die Menschen mit dem Prozess der Digitalisierung und dessen Produkten (digitalen Artefakten) machen. Einschätzung zur individuellen und gesellschaftlichen Bedeutung lassen sich aus einer vertieften Kenntnis über Algorithmen und Modellierungen nicht unmittelbar generieren. Zwar beinhalten Konzepte für informatischer Bildung immer auch Kompetenzerwartungen und Zielsetzungen aus dem Bereich der Nutzung von Informatiksystemen und den Ein-

---

[7] Es ist zunächst nur eine Fußnote, dass die Handlungsoption „(mit-)teilen" zu fehlen scheint und „nutzen" allzu allgemein ist.

schätzungen zur gesellschaftlichen Bedeutung, diese sind zum einen im Vergleich zu den auf *Strukturen und Funktionen* zielenden deutlich in der Minderheit und zum anderen nur schwach mit diesen verbunden. Dies zeigt sich insbesondere in den Bildungsstandards der Sek. I [GI08] – diese repräsentieren nach eigenem Anspruch der Gesellschaft für Informatik all das, was jeder Mensch über Informatik wissen sollte – besonders deutlich. Ordnet man die dort aufgezählten Kompetenzerwartungen den Seiten des Dagstuhl-Dreiecks zu, so ergibt sich ein eindeutiger Schwerpunkt an der ehemals technologischen und dann „Strukturen und Funktionen" genannten Perspektive, was denn auch dem allgemeinem Selbstverständnis der Informatik entspricht, die sich selbst als Strukturwissenschaft – wie die Mathematik – und Ingenieurdisziplin zugleich präsentiert. Die Kompetenzerwartungen zum Aufbau von *Informatiksystemen* und deren Betriebssysteme sowie alle Ziele aus den Inhaltsbereichen *Algorithmen, Formale Sprachen und Automaten* sowie *Information und Daten* gehören ausschließlich zu „Strukturen und Funktionen. Lediglich die inhaltsbezogenen Ziele aus dem Bereich *Informatiksysteme*, die sich auf Nutzung beziehen und die aus dem Bereich *Informatik, Mensch und Gesellschaft* lassen sich den beiden anderen Perspektiven zuordnen.

Diese Schwerpunktsetzung im technologischen Bereich sorgt für eine Reihe von Kontroversen, wenn es um die Breite und Tiefe einer informatischen Bildung geht. Viele Außenstehende äußern vor allem Zweifel daran, dass jeder Mensch programmieren lernen müsse. Hierin sind zwei Unterstellungen/(Vor-)Urteile enthalten. Zum einen wird der Informatikunterricht als Programmierkurs verstanden und zum anderen wird 'Programmieren können' als zu spezifische Fähigkeit angesehen. An dieser Stelle verweisen viele Informatiker und die meisten Fachdidaktiker darauf, dass Programmieren erstens nicht zentral sei und zweitens auch nur Teil dessen, was informatisches Denken bzw. Computational Thinking ausmacht. Vor allem letzteres sei eine universelle Fähigkeit im Kontext der Problemlösefähigkeiten. Die Diskussion hierüber wurde in den letzten zehn Jahren mit Vehemenz geführt, seitdem J. Wing auf drei sehr prägnanten Seiten zusammengefasst hat, was dieses informatische Denken beinhaltet [Wi06]. Dieser Begründungszusammenhang erschließt sich vor allem Außenstehenden kaum, da sie in den dort dargestellten Strategien insbesondere allgemeine Strategien der Problemlösung sehen, die auch von anderen Fächern gefördert werden. Der universelle Anspruch wird entsprechend – und dies haben mit Denning, Tedre und Youngpradit auch Informatiker [DT17] erkannt – als Chauvinismus gedeutet, der letztlich sogar zu Fehlvorstellungen zur Informatik führt. Dieser Begründungszusammenhang entfaltet bildungspolitisch bisher eher gegenteilige Wirkungen, vor allem da das dazu notwendige Transferlernen nur eine Hypothese ohne empirischen Befunde ist.

Damit sind einige Argumente genannt – und dies korrespondiert mit den Paderborner Befunden – warum ein anderer Zugang zu wählen ist. Ein Zugang über die nun „Handlungsoptionen" genannte Ebene, über Anwendungen der Informatik und die diese in den Prozess der Technikgenese bzw. der Bedeutung von Technik für die menschliche Entwicklung einordnet, scheint wie im Folgenden darzustellen gewinnbringender zu sein. Hier fließen auch die Erkenntnisse einer Aufarbeitung von Zugängen zu Informatik und Gesellschaft aus der Hochschullehre mit ein [vgl. En04]

4.1 Inhalte und Ziele

Bei der Formulierung der Inhalte und Ziele wird nun davon ausgegangen, dass die Nutzung digitaler Artefakte bzw. die Handlungsoptionen als Basis des Dreiecks und damit auch Ausgangspunkt der Lehrveranstaltung sein sollten. Auch in den bildungspolitischen Forderungen stehen die 'Medienkompetenzen' im Zentrum, die die anwendungsbezogene auf Handlungsoptionen zielende Qualifikationen betonen. Solche 'Medienkompetenzen' sind vor allem Handlungskompetenzen, wie sie in der ICILS-Studie getestet wurden und erst in zweiter Linie solche, die auch deren kritische Reflexion beinhalten.

In einem ersten Schritt wird es mithin darum gehen, den Prozess der Digitalisierung in den Kontext der Entwicklung der Kulturtechniken Schreiben, Rechnen und Lesen zu stellen, wie es zum Beispiel auch im Ausstellungsbereich des Computermuseums (Heinz NixdorfMuseumsForum) in Paderborn geschieht und daran anknüpfend die unterschiedlichen Rollen digitaler Artefakte für geistige Tätigkeiten zu betrachten und zu systematisieren. Ein solcher (kultur-)technikgenetischer Zugang scheint eine Vielzahl der geschilderten Herausforderungen zu umschiffen. Auf wesentliche Ursprünge der Informatik und nicht nur der Computerentwicklung kann aus einer Perspektive der Nutzung verwiesen werden, ohne zu früh, zu sehr und zu tief in die Formalisierung einzusteigen.

In einem zweiten Schritt geht es darum die „Medienintegration durch Digitalisierung" zu verstehen. Viele analoge Medien wurden 'digitalisiert' und konnten damit auf einer rechnergestützten Plattform miteinander kombiniert wurden. D. h. das HyperTextTransferProtocol (http) und die Seitenbeschreibungssprache HyperTextMarkupLanguage (html) würden ebenso thematisiert wie digitale Medienformate (für Texte, Bilder, Audios und Videos). In diesem Teil werden die technischen Grundlagen der Integration und Vernetzung medialer Angebote auf einer noch wenig formalisierten Ebene und die damit damals einhergehenden Hoffnungen dargestellt. Die Hoffnungen aus den 1990er Jahren werden angesichts der tatsächlichen Entwicklung reflektiert.

In einem dritten Schritt werden, nachdem die Studierenden mit der HTML eine formale Sprache kennengelernt haben, die „Besonderheiten von Software" dargestellt. Informatiksysteme entpuppen sich als besondere technische Artefakte. Dies betrifft den Baustoff (dessen vermeintliche Immaterialität) und die Vorgehensmodelle der Herstellung. Die entsprechenden konzeptionellen Modellierungen (objektorientiert, algorithmisch, zustandsorientiert) solcher Softwaresysteme können in diesem Kontext thematisiert werden. Auf Computer-Programme wird eher rekonstruktiv und analytisch eingegangen und weniger konstruktiv [En17]. Die wichtigsten Bausteine algorithmischer Sprache und anderer Modellierungen der Informatik werden erläutert und erfahrbar gemacht.

Der vierte Schritt widmet sich dann den rechtlichen Rahmenbedingungen der Digitalisierung „Ergonomie, Datenschutz und Urheberrecht". Dieser bietet einen (nicht in juristische Tiefen gehenden) Überblick über die wichtigsten Regeln und Gesetze im Bereich von Informatiksystemen. Zunächst werden die Normen zur Dialoggestaltung dargestellt, die die Gestaltung der Mensch-Maschine-Schnittstelle am Computer-Arbeitsplatz regeln und darüber hinaus eine wichtige Bewertungsgrundlage für digitale Artefakte liefern. Darüber wird auf den Datenschutz bzw. genauer den Schutz der Privatsphäre sowie auf das Urheberrecht (inklusive der Lizenzmodelle für Software) eingegangen. Hier wird insbesondere deutlich wie sehr politische (Mit-)Gestaltung durch Regulation Teil der technologischen Entwicklung sein muss; die im März 2018 aktuelle Diskussion um Facebook und Cambridge Analytica verweist darauf in besonderer Weise.

4.2   Organisation

Nach der Inputphase der vier Schritte (letztlich eine Einführung in die angewandte Informatik) sollte eine Seminarphase einsetzen, in der die Studierenden an Projekten arbeiten, wie dies schon häufiger erprobt wurde. Sie arbeiten an konkreten Phänomenen, Situationen und Gegenständen, wie es in den gemeinsamen Seminaren in Paderborn von Medienpädagogen und Informatikern seit Jahren gemacht wird, damit die auf begriffsbildende Theorie zielenden Überlegungen und Erkenntnisse des ersten Teils auch angewandt und weiterentwickelt werden können. Dem bisherigen Vorgehen im bildungswissenschaftlichen Seminaren [vgl. EK14, KE15] folgend, sollte etwas mehr als die Hälfte des Semesters dafür zur Verfügung stehen.

Dieses konsekutive Vorgehen ist zwar ein eigentlich zu vermeidendes Lernen auf Vorrat. Aber wahrscheinlich kann nur so erreicht werden, dass die Studierenden sich überhaupt und wenn nicht nur wie bisher ausschließlich an der Oberfläche kratzend mit den (technischen) Hintergründen der „Strukturen und Funktionen" der Digitalisierung befassen. 4 Semesterwochenstunden und 8 LP scheinen mindestens notwendig. Stünden 6 SWS und 10 LP zur Verfügung, könnte man im Inputteil zur Informatik sogar ein wenig mehr in die Tiefe gehen, da dann auch Übungsstunden zur Verfügung stünden.

5   Ausblick

Der hier dargelegte Vorschlag soll möglichst im Wintersemester 2018/19 erprobt werden. In welchem Umfang ist noch unklar. Eine eingehende auf qualitative Fragen zielende Evaluation ist notwendig, die neben dem Bild der Informatik auch Einschätzung zum Nutzen informatischer Kompetenzen enthalten muss. Möglicherweise leiden unter dem Zugang die Breite und die Tiefe der zu erreichenden Kompetenzen. Dies betrifft insbesondere die Formalisierung. Dann stünde nicht das Programmieren, das Erfinden von Aufgabenlösungen im Fokus, sondern die Analyse bzw. die Rekonstruktion der Lösungen.

Insgesamt ist auch absehbar, dass die Vorschläge nicht überall auf Zustimmung treffen werden. Alle Beteiligten müssen deutliche Abstriche von ihren selbst gesteckten Zielen und Ansprüchen vornehmen. Insbesondere wird der Inhaltsbereich 'Informatik, Mensch und Gesellschaft', deutlich mehr in Vordergrund gerückt und didaktisch gar als Zugang gewählt. Der gewählte Zugang war nie von der Informatik und Gesellschaft oder der

Didaktik der Informatik Community akzeptiert worden. Mit diesem Zugang wird zugleich eine Brücke zu den Medienpädagogen geschlagen, die diese Wechselwirkungen als Teil der Medienbildung thematisieren wollen. Ob die Medienpädagogen sich mit dieser ihnen zwar näherstehenden aber nicht eigenen Sicht entsprechenden Perspektive auf Technik bzw. *Strukturen und Funktionen* zu Recht kommen, bleibt jedoch abzuwarten. Sie müssten sich vielmehr als bisher in den Medienbildungskonzepten verankert auf die Analyse der dahinterstehenden Technik einlassen und diese nicht nur zu benutzen und zu reflektieren. Auch daraus werden sich dort Zustimmungsprobleme ergeben, die im Übrigen den Prozess der Evaluation immer begleiten werden.

6   Literatur

[DT17]   Denning, P.J.; Tedre, M.; Youngpradit, P.: The Profession of IT. Misconception about Computer Science. Communications of the ACM. March 2017/Vol. 60, No. 3, S. 31 – 33. doi:10.1145/3041047

[EK14]   Engbring, D.; Klar, T. M.: Medienbildung mit Informatik-Anteilen!? In: Forbrig, P., Magenheim, J (Hrsg.): Gestalten und Meistern von Übergängen. 6. Tagung Hochschuldidaktik der Informatik. Commentarii informaticae didacticae 5. Universitäts-Verlag Potsdam. Potsdam. 2014. S. 125-142

[En04]   Engbring, D.: Informatik im Herstellungs- und Nutzungskontext. Ein technikbezogener Zugang zur fachübergreifenden Lehre. Dissertation Universität Paderborn. 2004. http://ubdok.uni-paderborn.de/servlets/DocumentServlet?id=5187 (15.4.2018)

[En17]   Engbring, D.: Aller Anfang ist schwer! Wie gelingt der Einstieg in den Informatikunterricht? In: Ira Diethelm (Hrsg.): INFOS 2017 – Informatische Bildung zum Verstehen und Gestalten, Lecture Notes in Informatics (LNI), Gesellschaft für Informatik, Bonn 2017, S. 227-236

[GI08]   Gesellschaft für Informatik. Grundsätze und Standards für die Informatik in der Schule Bildungsstandards für die Sekundarstufe I. https://www.informatikstandards.de/ docs/bildungsstandards_2008.pdf (15.4.2018)

[GI16]   Gesellschaft für Informatik. Bildung in der digital vernetzten Welt. https:// gi.de/themen/detail/dagstuhl-erklaerung-bildung-in-der-digital-vernetzten-welt-1/ (15.4.2018)

[KE15]   Klar, T. M.; Engbring, D.: Braucht die Medienbildung Impulse aus der Informatik? – Erkenntnisse aus interdisziplinären Seminaren. In: Nistor, N., Schirlitz, S. (Hrsg.) Digitale Medien und Interdisziplinarität, Herausforderungen, Erfahrungen, Perspektiven Reihe: Medien in der Wissenschaft (GMW) Bd. 68 2015, S. 33 – 45 (Waxmann)

[MF12]   Müller, D.; Frommer, A.; Humbert, L.: Informatik im Alltag – Durchblicken statt Rumklicken. In: Forbrig, P.; Rick, D.; Schmolitzky, A.: HDI 2012 – Informatik für eine nachhaltige Zukunft. 5. Fachtagung Hochschuldidaktik der Informatik. Commentarii informaticae didacticae 5. Universitäts-Verlag Potsdam. Potsdam. 2012, S. 98-104.

[Tu16]   Tulodziecki, G.: Diskussionsbeitrag zur Dagstuhl-Erkläung „Bildung in der digitalen vernetzen Welt" (vom 25.8.2016), unveröffentlichtes Handout.

[Wi06]   Wing, J.: Computational Thinking. Communications of the ACM. March 2006/ Vol. 49, No. 3, 33-35